POINT DE CROIX

du A au Z

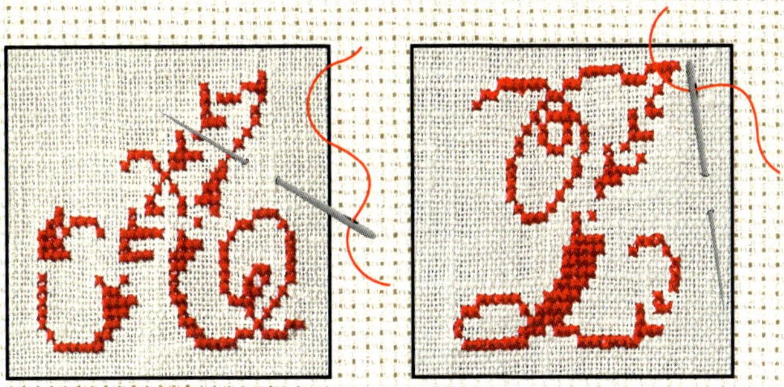

Un grand merci à mon mari Bernard et à mes enfants
Guillaume et Emmanuelle, qui m'ont encouragée à réaliser ces créations.
Toute ma gratitude à Françoise Louiche,
pour sa collaboration basée sur la confiance et l'amitié.

Martine Rigeade

POINT DE CROIX du A au Z

Éditions Didier CARPENTIER

Le matériel

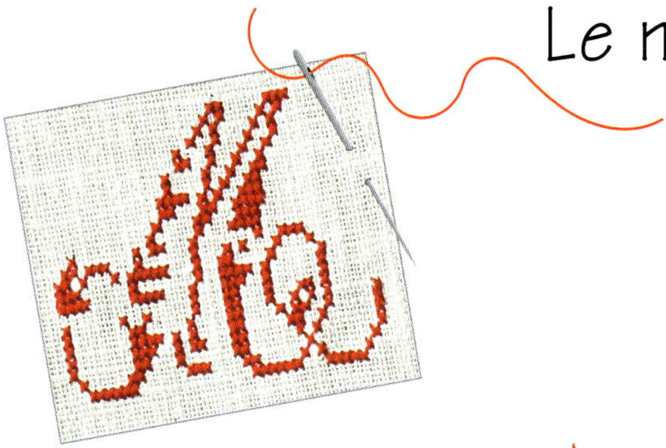

Les autres accessoires utiles

Une paire de ciseaux a bouts pointus pour défaire d'improbables erreurs ! Prévoyez également une paire de ciseaux de couturière pour couper la toile.
Nous avons également utilisé des cartes perforées pour ranger les fils, avant de commencer les ouvrages.

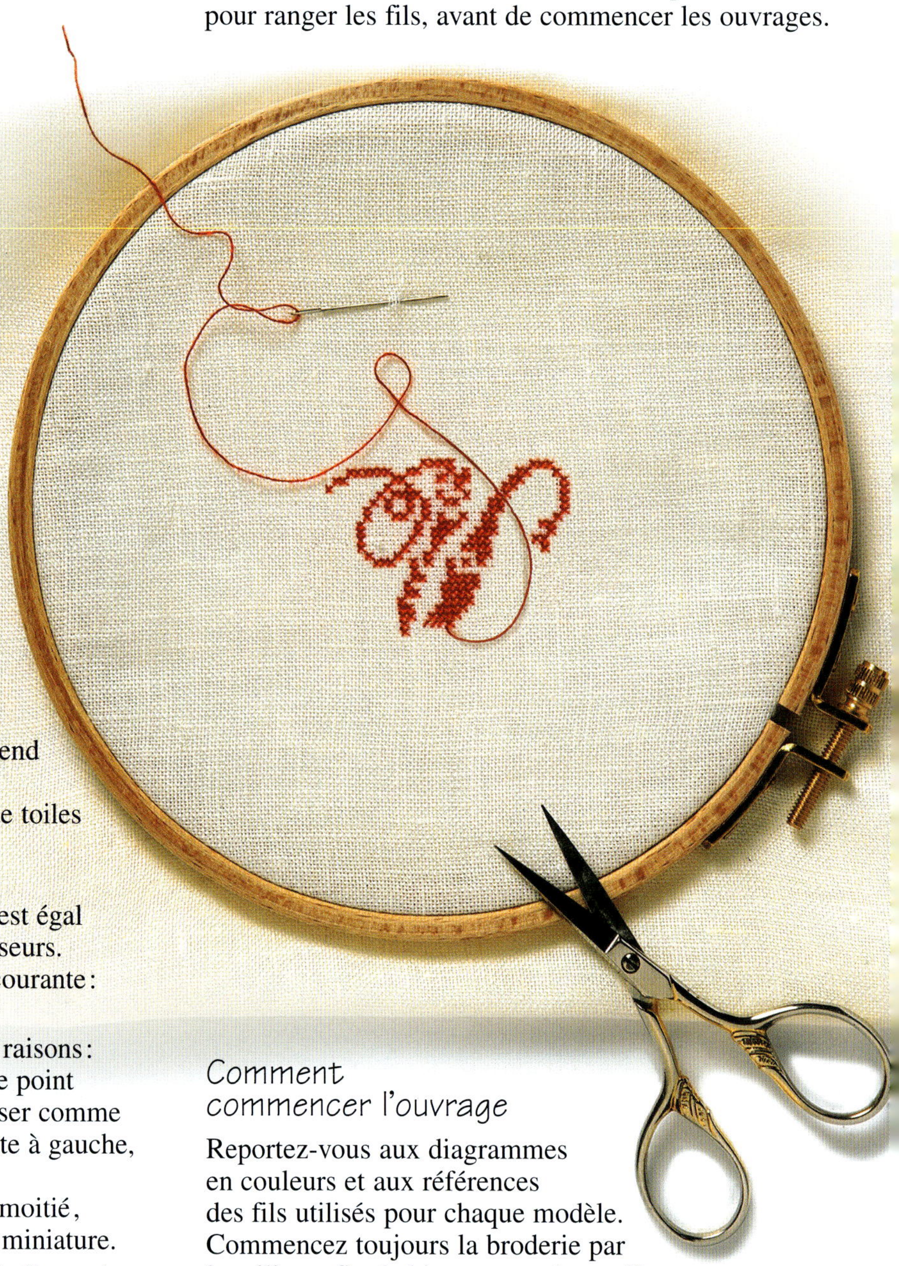

Les fils

Tous les modèles présentés dans cet ouvrage ont été réalisés avec du coton mouliné DMC.
Il a l'avantage d'être «grand teint» et de se trouver dans toutes les merceries.

Les aiguilles

Utilisez des aiguilles à bouts ronds qui permettent de bien glisser entre les fils du tissu.

Les toiles

Choisissez de préférence des toiles avec un tissage régulier comportant le même nombre de fils en chaîne et en trame. Toutefois vous obtiendrez un résultat intéressant avec une toile irrégulière : les lettrines rouges sont brodées sur ce genre de tissu, ce qui les rend plus hautes que larges.
Vous pourrez donc utiliser toutes sortes de toiles à condition de pouvoir compter les fils.

La toile Aïda est la toile des débutants.
Elle est très facile à utiliser, car un carré est égal à un point. Elle existe en différentes grosseurs.
Dans ce livre, nous avons utilisé la plus courante : 5,5 pts/cm, et une plus petite : 7 pts/cm.

La toile unifil est intéressante pour deux raisons : d'une part, elle est un bon support pour le point de croix, d'autre part, vous pouvez l'utiliser comme un canevas et faire du petit point (de droite à gauche, avec 2 ou 3 fils de coton mouliné).
Le résultat donnera un motif diminué de moitié, nous entrons alors dans le domaine de la miniature.

La toile de lin est de loin la toile la plus belle, mais c'est aussi la plus chère et la plus délicate à broder.
Mais quel plaisir de travailler, avec un seul fil sur une toile extra-fine !

Le tambour à broder

Ils vous assurera un travail impeccable et d'une très grande régularité.

Comment commencer l'ouvrage

Reportez-vous aux diagrammes en couleurs et aux références des fils utilisés pour chaque modèle.
Commencez toujours la broderie par le milieu, afin de bien centrer le motif sur la toile.

Le brodé-découpé,
une technique particulière

Brodez le motif et le coller sur de la viseline thermocollante. Découpez-le ensuite soigneusement au ras de la broderie.

Les points utilisés

Le point de croix

Comme son nom l'indique, c'est une croix formée par le croisement de deux points obliques

- Commencez la broderie toujours dans le même sens.
- Évitez que le fil ne vrille.
- Ne faites aucun nœud.

Ce point peut s'exécuter de la façon suivante :

- Fixez solidement le fil de départ par deux petits points sur place.
- Faites une rangée (A) de points en oblique parfaitement parallèles, le pied du point suivant étant au niveau de la tête du point le précédant.
- Inversez le sens des points (B) en recouvrant les points de la rangée (A).
- Traversez les points (A) en leur milieu par les points (B). Continuez de la même manière les rangées suivantes (C).

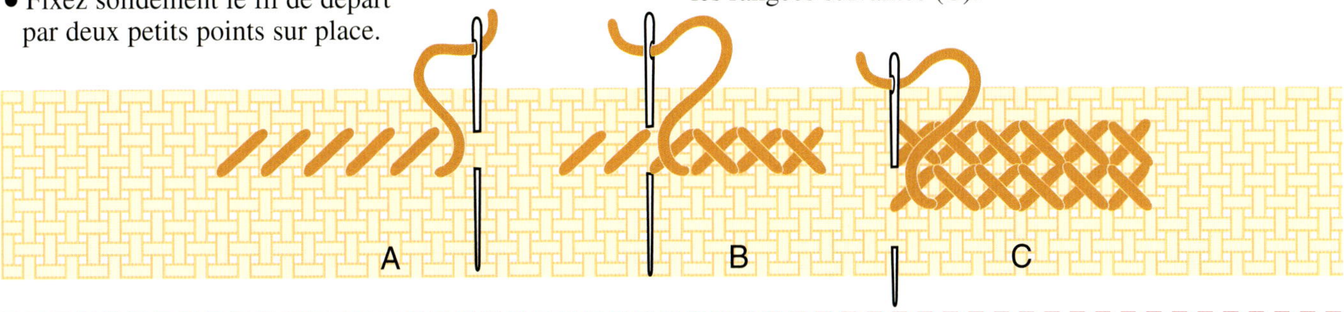

Le demi-point de croix

C'est un point de croix inachevé. Il n'est fait que d'un seul point oblique dirigé vers la droite.
Il permet d'alléger une couleur et on le trouve souvent dans les ciels et les ombres.

Confectionnez-le en ne faisant que la première partie (A) du point de croix.

Le point de noeud

Il est souvent utilisé pour broder les étamines des fleurs. Il se fait généralement lorsque le point de croix est déjà brodé.
Appelé aussi point noué ou point de graine, il se réalise de la manière suivante :

1 - Piquez l'aiguille dans la toile.
2 - Faites-la ressortir sur l'endroit.
3 - Entortillez une ou deux fois le fil autour de l'aiguille.
4 - Repiquez dans la toile en maintenant le nœud pour qu'il glisse bien et se mette en place.

Le point de nœud fini

Le point de trait

Appelé aussi point arrière ou point de piqûre, il sert à souligner certaines parties de la broderie.
Il se fait en dernier, généralement avec un seul fil dirigé de droite à gauche et en repiquant dans la sortie du fil du point précédent.

1 - Commencez en faisant ressortir l'aiguille du tissu.
2 - Faites un point en arrière d'une longueur souhaitée.
3 - Passez l'aiguille sous le tissu en calculant deux fois la longueur de ce point.
4 - Faites ressortir l'aiguille du tissu.
5 - Piquez l'aiguille dans la sortie du point précédent.
6 - Continuez en reprenant au point 3.

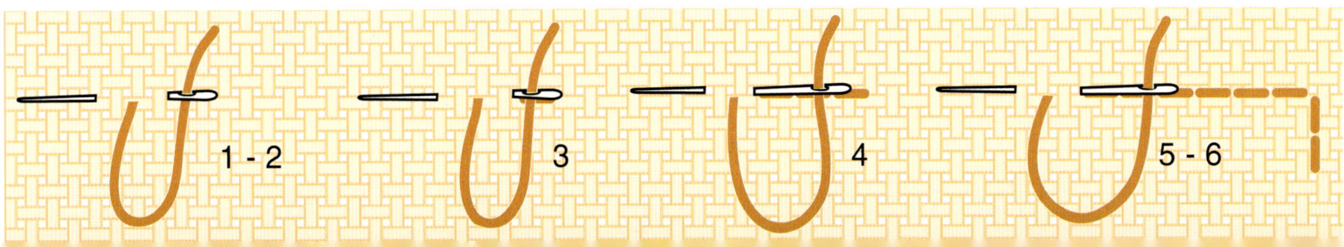

A comme calendrier de l'Avent

Dimensions : 49 × 14,5 cm

Quelques semaines avant Noël, suffiront pour broder ce calendrier. Le plus difficile sera de choisir 24 cadeaux différents.

- une échevette de coton mouliné DMC de chaque coloris
- 55 x 20 cm de toile Aïda blanche en 7 pts/cm
- 24 anneaux dorés de Ø 15 mm
- 24 petits cadeaux

Brodez cinq personnages séparés par des cristaux de neige.
Brodez ensuite les chiffres au-dessous.
Faites un ourlet de 2 cm tout autour.
Cousez les anneaux et accrochez les petits cadeaux.

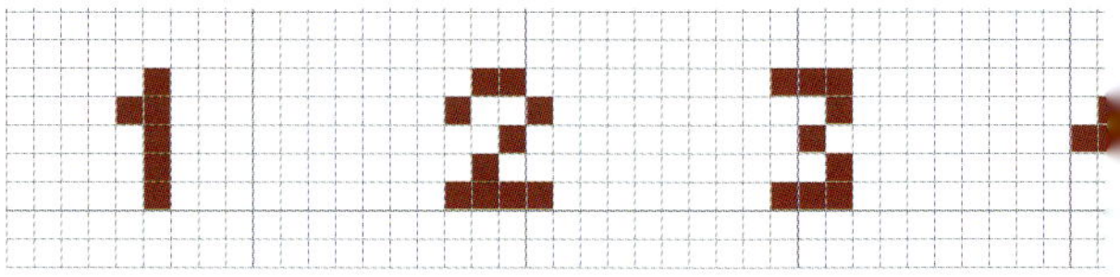

321	809	988
815	939	987

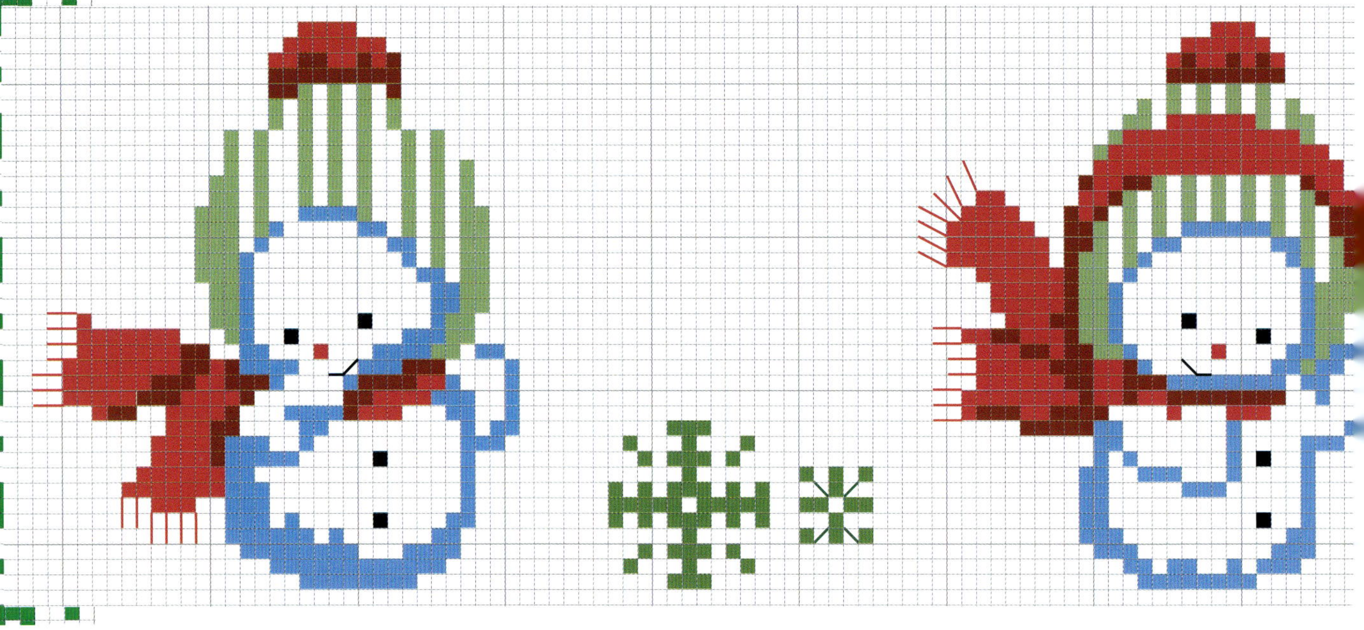

9 10 11 12 13 14 15 16 17 18 19 20 21 22 23 24
Noel
Noel

5 6 7 8 9 10 11
12 13 14 15 16 17 18
19 20 21 22 23 24

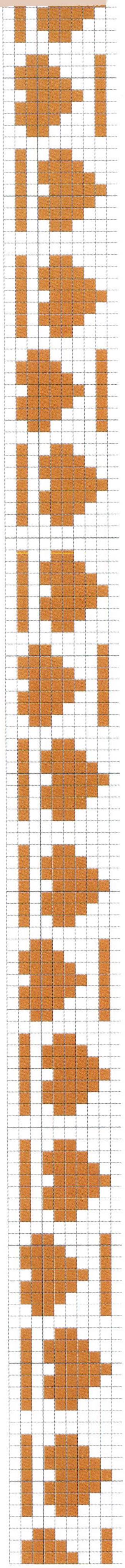

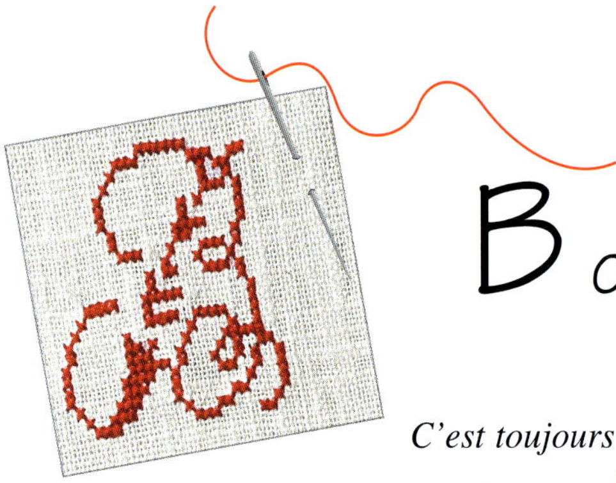

B comme Bienvenue

Dimensions : 24 × 18 cm

C'est toujours avec plaisir que l'on retrouve ce message à l'entrée de nos maisons…

- une échevette de coton mouliné DMC de chaque coloris
- 20 × 10 cm de toile Aïda en 5,5 pts/cm
- de la viseline thermocollante
- 85 cm de galon adhésif rouge en 1,5 cm de large
- un feutre rouge
- un sous-verre de 18 × 24 cm
- une feuille de bristol
- de la colle pour tissus

Confectionnez les deux motifs en brodé-découpé *(voir page 4)*. Découpez le bristol aux dimensions du sous-verre (soit 18 × 24 cm). Collez le galon tout autour en faisant aux angles une découpe à 45°. Écrivez *Bienvenue* et dessinez les petits cœurs au feutre rouge, puis collez les motifs brodés et encadrez.

3328
816
347
437
435
632
988
987
318
415
3799
Point de trait en 632

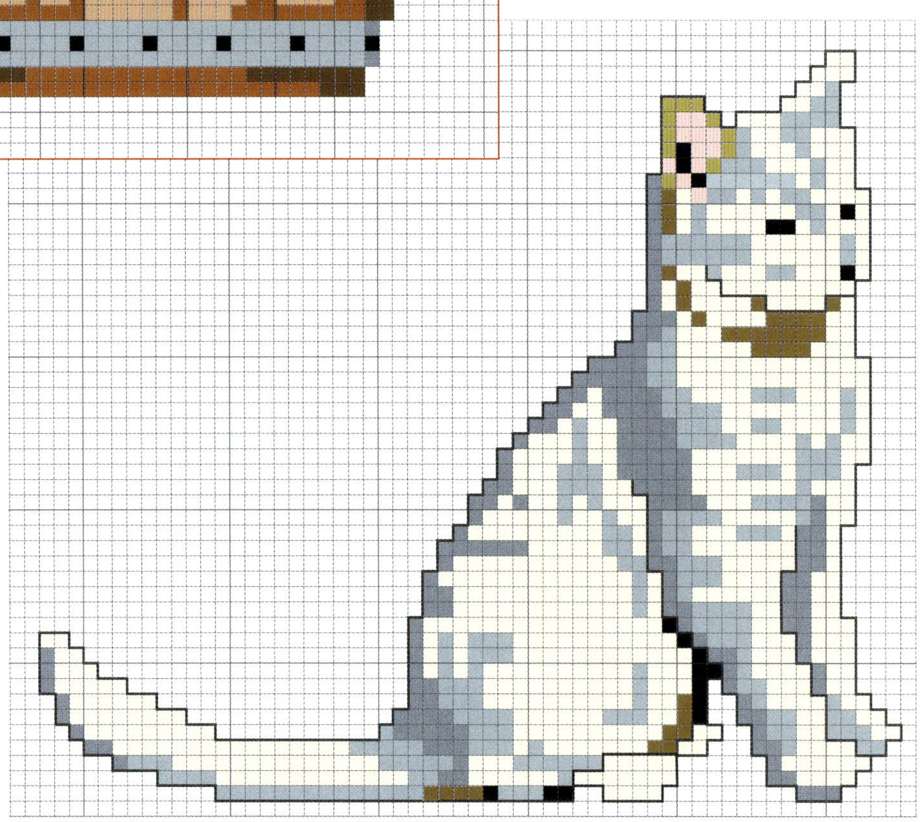

712
453
452
3799
754
840
841
Point de trait en 3799

Bienvenue

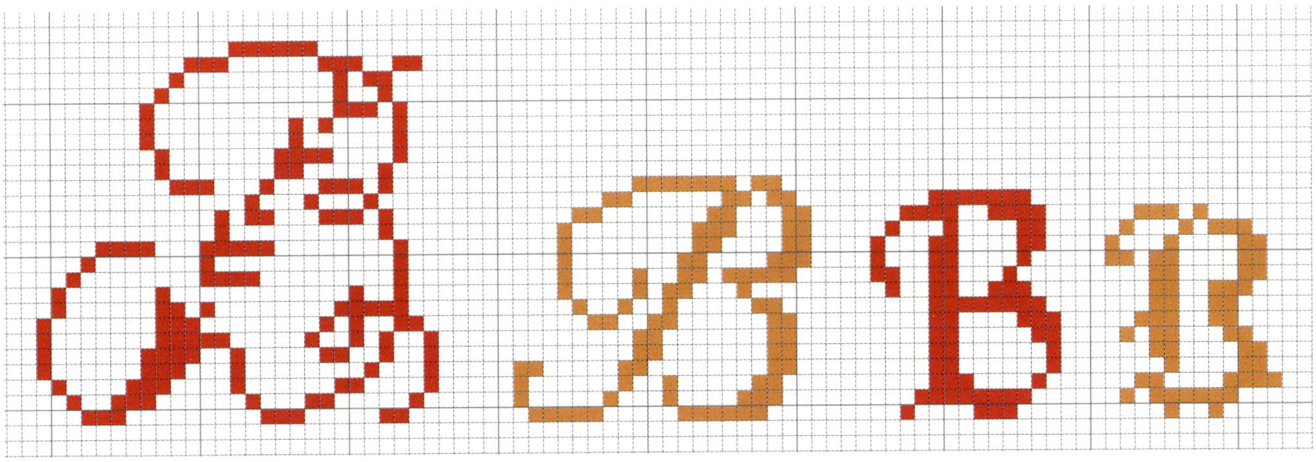

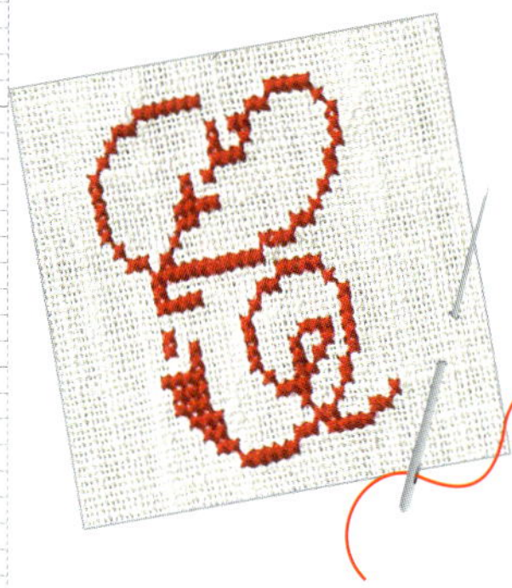

C comme Cartes à jouer

Dimensions de chaque carte : 75 × 10,7 cm

Ces cartes joueront le rôle de dessous de verre, afin de protéger la table.

- une échevette de coton mouliné DMC de chaque coloris
- six rectangles de 8 × 11 cm de toile Aïda blanche en 5,5 pts/cm
- de la viseline thermocollante

310	470	3325
743	754	322
976	347	Blanc

Brodez le motif de chaque carte au point de croix avec les couleurs indiquées sur les diagrammes, ainsi que le tour de chacune d'elles en blanc.
Lavez, repassez, puis collez sur la viseline thermocollante.
Découpez ensuite soigneusement chaque carte.

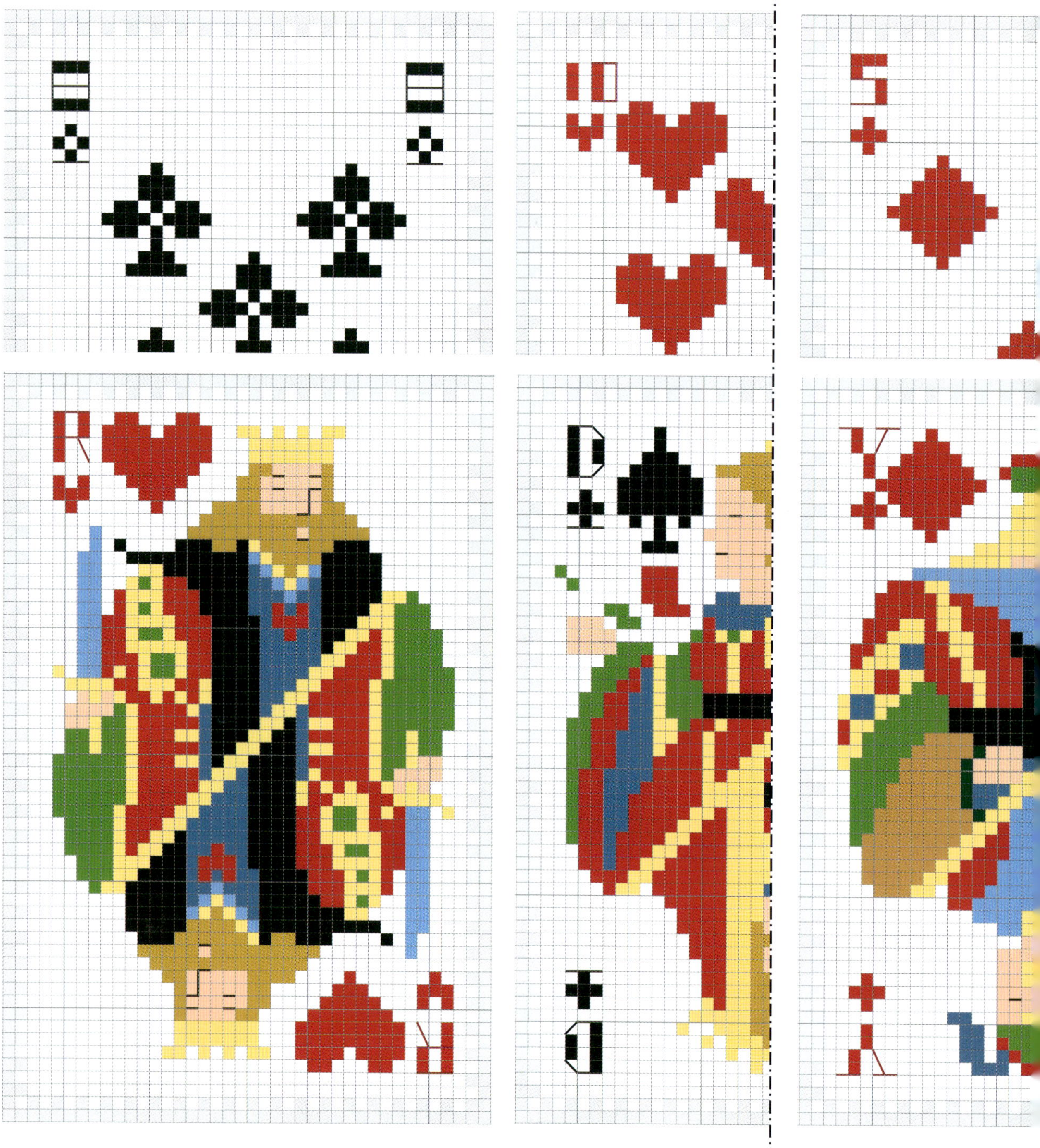

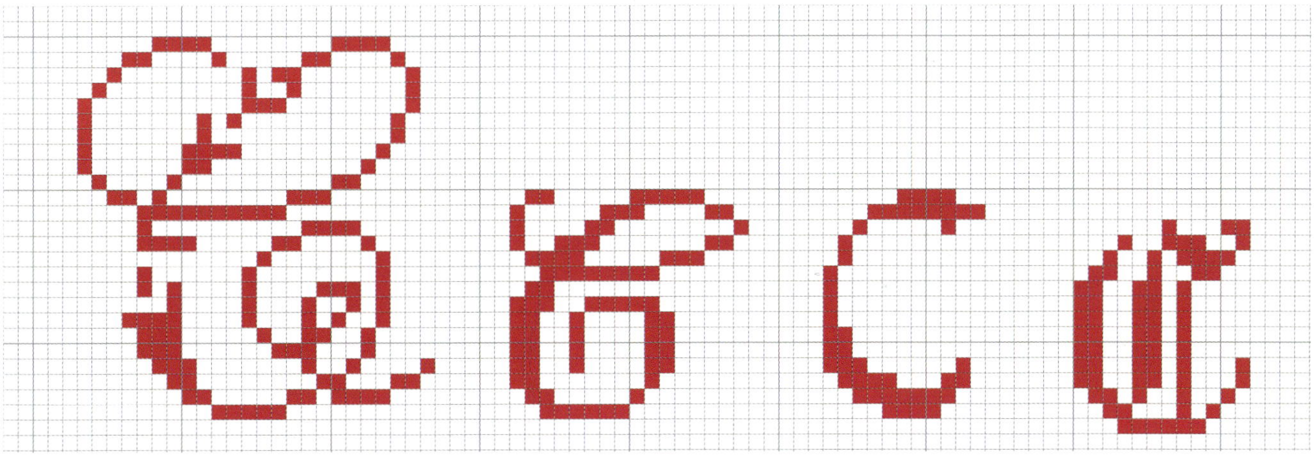

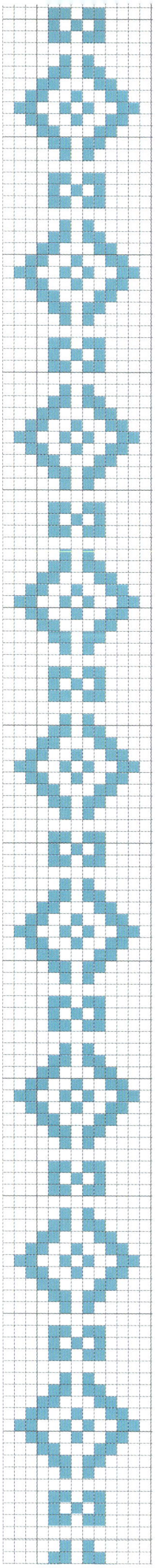

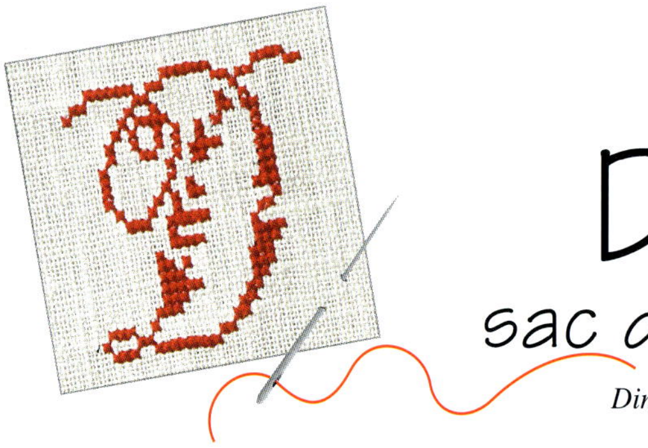

D comme sac de Danseuse

Dimensions : 21 × 29,5 cm

Les précieux chaussons seront protégés dans ce sac brodé.

- une échevette de coton mouliné DMC de chaque coloris
- 22 × 74 cm de toile Aïda blanche en 5,5 pts/cm
- 150 cm de ruban de satin bleu ciel en 1 cm de large

Ce sac est réalisé dans la bande de toile pliée en deux, endroit contre endroit.
Centrez et brodez le motif à 19 cm du haut avant la confection du sac.
Cousez les côtés à 1 cm du bord et faites un ourlet de 7 cm.
Vous pouvez prévoir un coulissé à la base de l'ourlet, pour faire passer le ruban.
Retournez le sac, passez le ruban et faites un joli nœud.

- 3799
- 310
- 3841
- 3841 (1/2 point de croix)
- 3752
- 3752 (1/2 point de croix)
- 754
- 758
- Point de trait en 3778 (1 fil)
- Point de trait en 931 (1 fil)
- 932
- 931
- 948

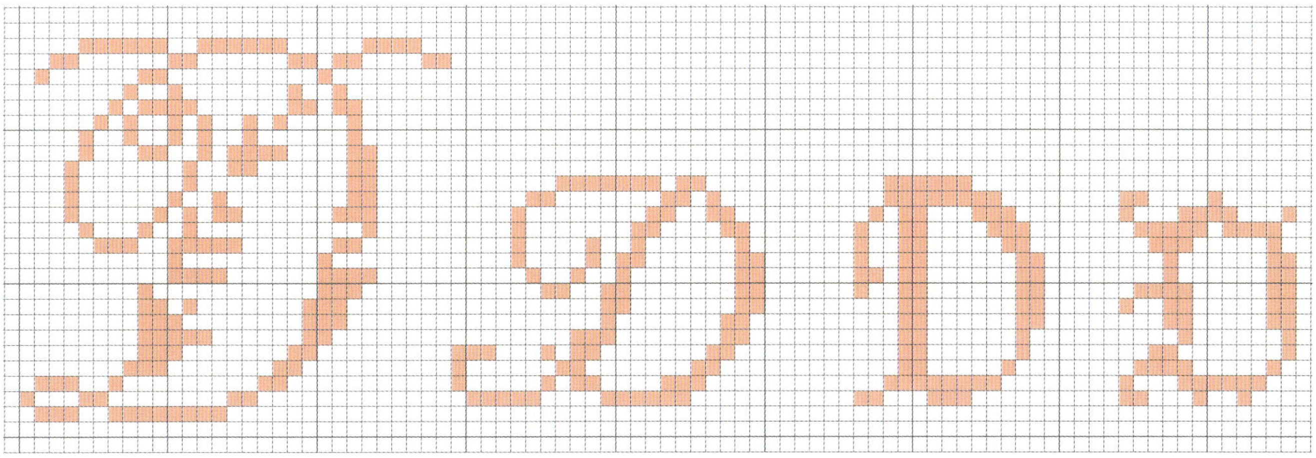

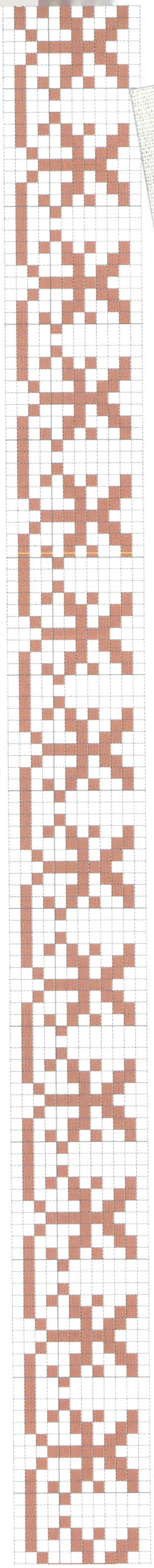

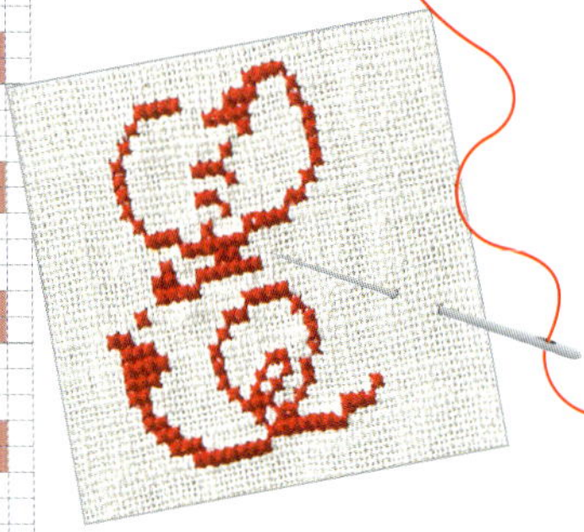

É comme pelotes à Épingles

Dimensions : 8 cm de diamètre

Fini le temps des épingles en vrac dans des boîtes...

- une échevette de coton mouliné DMC de chaque coloris
- 10 × 10 cm de toile Aïda blanche en 5,5 pts/cm (pour une pelote)
- 10 × 10 cm de tissu assorti pour le dessous (pour une pelote)
- 30 cm de dentelle (pour une pelote)
- un morceau de bristol (gabarit)
- du fil à bâtir et du riz

Brodez le motif. Lavez et repassez la broderie.
Dans le morceau de bristol, confectionnez un gabarit : tracez un cercle de Ø 8 cm, évidez-le.
Centrez la broderie sur le trou ainsi obtenu et marquez le tour avec un fil à bâtir.
Prenez le morceau de tissu assorti.
Cousez endroit contre endroit, en ménageant une ouverture d'environ 2 cm.
Retournez sur l'endroit et remplissez la pelote avec le riz.
Fermez provisoirement avec une épingle.
Commencez à coudre la dentelle à points invisibles en insérant le début dans l'ouverture.
N'hésitez pas à froncer la dentelle, cela sera plus joli.
Finissez en rentrant la fin de la dentelle dans l'ouverture et fermez.

Un conseil : videz votre pelote avant de la laver.

966
225
3326
3832
320

3326

Blanc
818
3689
3688
3687
3685
471
472
936
469
833

3348
3347
3346
434
801

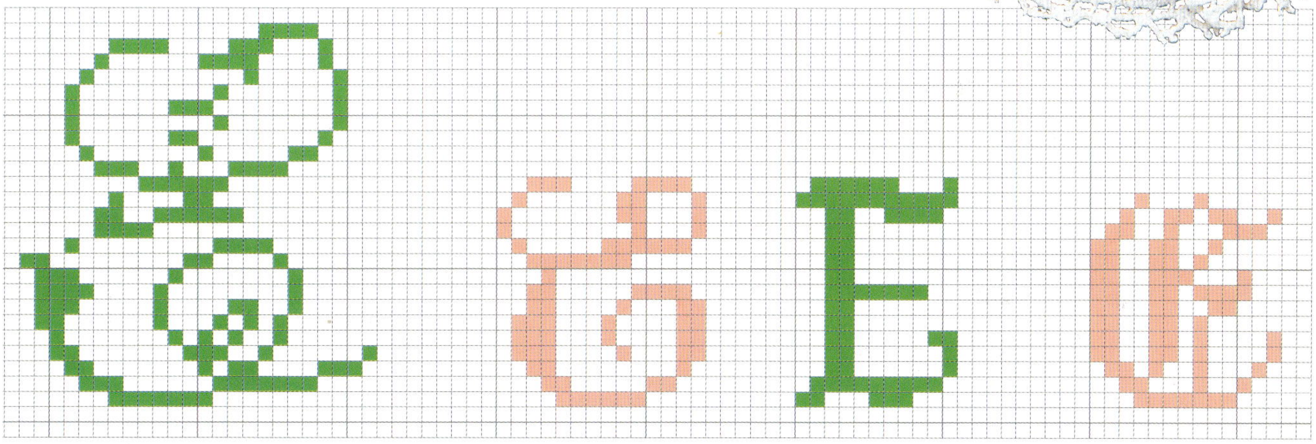

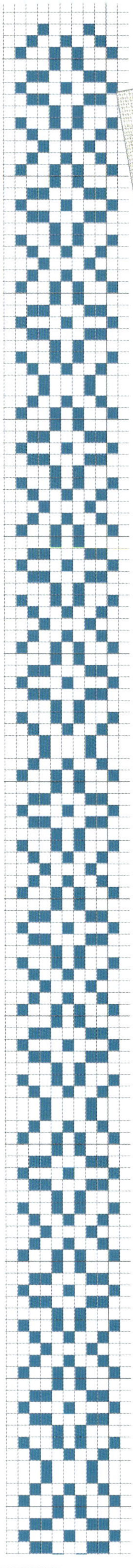

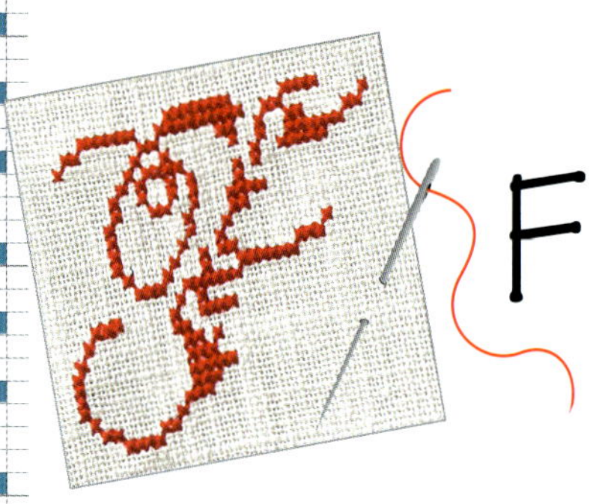

F comme réunion de Famille

Dimensions : 32 × 21 cm

Ils sont tous là.
Il y a même encore de la place pour les futurs nouveaux-nés.
Chacun dans la famille aimera retrouver son prénom.

- une échevette de coton mouliné DMC du coloris de votre choix
- 34 × 23 cm de toile de votre choix, sachez que plus la toile sera fine, plus le résultat sera joli
- du fil à bâtir

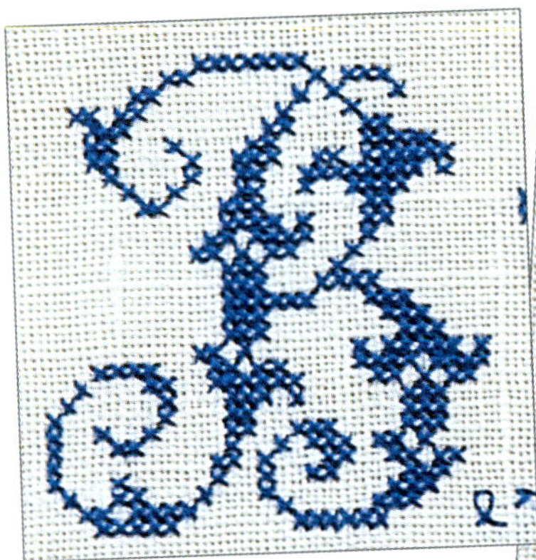

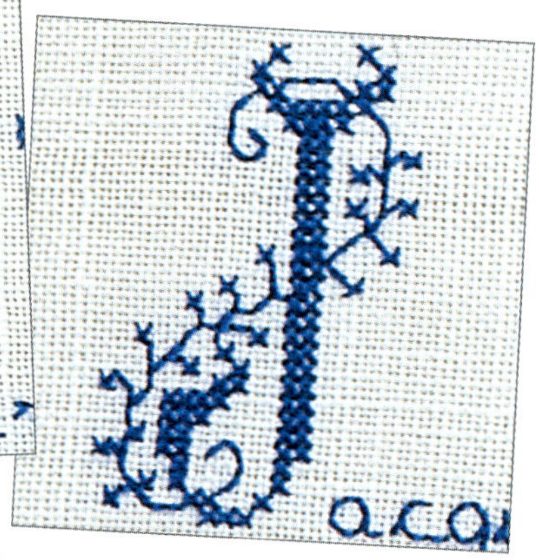

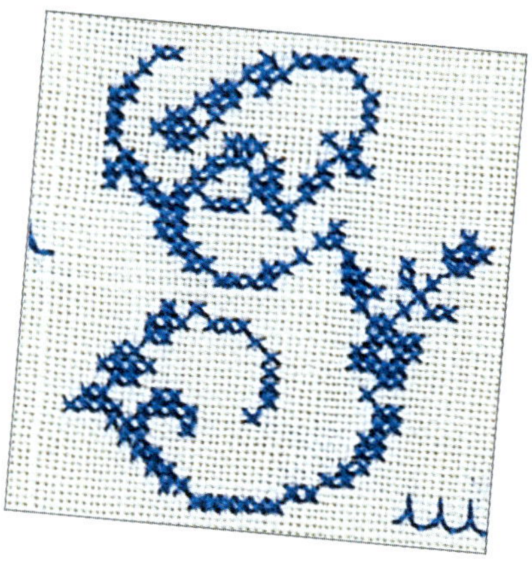

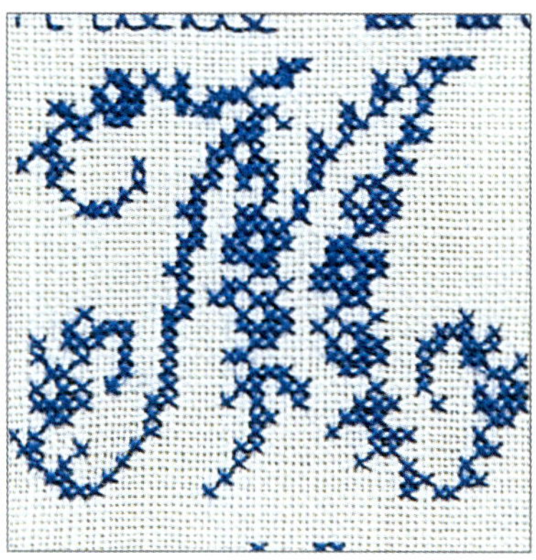

Ce tableau de famille est une composition personnelle.
Vous pouvez le réaliser à partir de lettres choisies dans les alphabets de l'ouvrage, il n'y a donc pas de diagramme personnalisé.
Faites la liste des prénoms à broder. Tracez un rectangle sur la toile à l'aide d'un fil à bâtir.
Brodez les prénoms à l'intérieur du rectangle sans en dépasser les limites.
Seule la première lettre de chaque prénom est brodée au point de croix, les autres lettres sont au point de trait.
Commencez par broder le prénom le plus important et terminez par les prénoms les plus courts.
Choisissez une frise parmi celles proposées dans l'ouvrage et brodez-la tout autour.

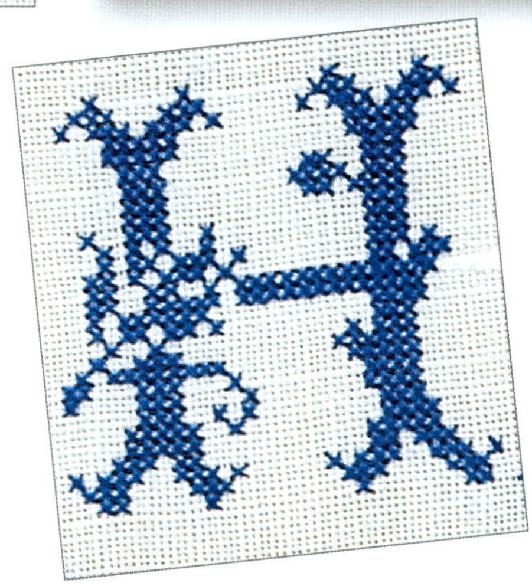

enri
aphaël
ené
ullaume
ean luc
adeleine
ernard
mmanuel
enriette
Max
artine
uzanne
drien
arie claire
onique
hristelle
laudette
mmanuelle
ean
éone
élène

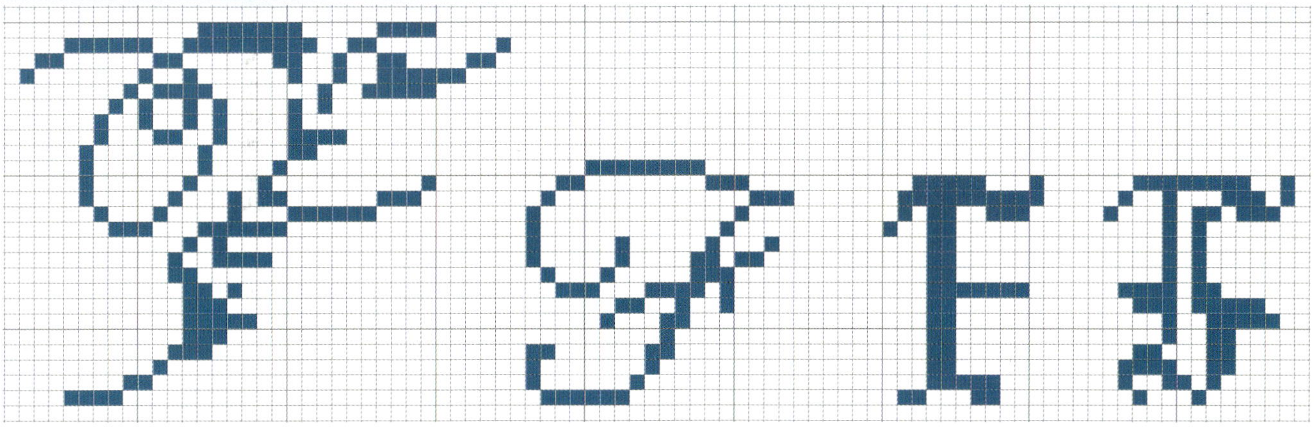

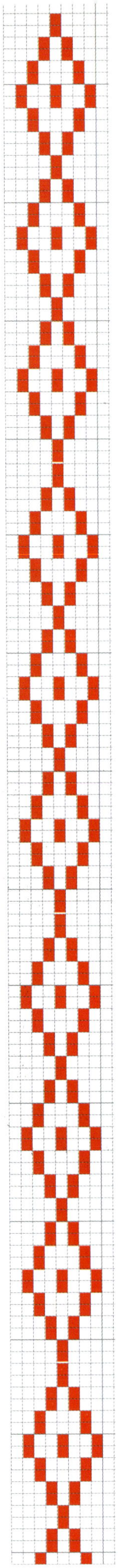

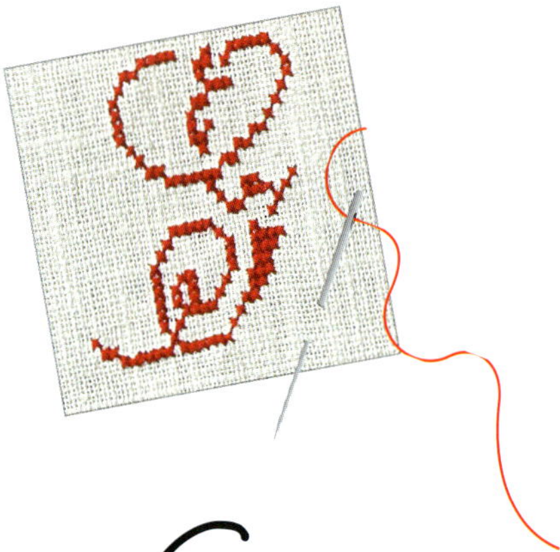

G comme set aux Groseilles

Dimensions : 44 × 31 cm

À poser absolument
sous une charlotte
aux fruits rouges,
ou sous une glace à la vanille
et sa salade de petits fruits.

- une échevette de coton mouliné DMC de chaque coloris
- 44 × 31 cm de toile Aïda blanche en 5,5 pts/cm
- 145 cm de biais rouge

Brodez le motif dans l'angle supérieur gauche du set et posez le biais rouge tout autour.

- 3348
- 3347
- Blanc
- 817
- 3777
- 814
- 310

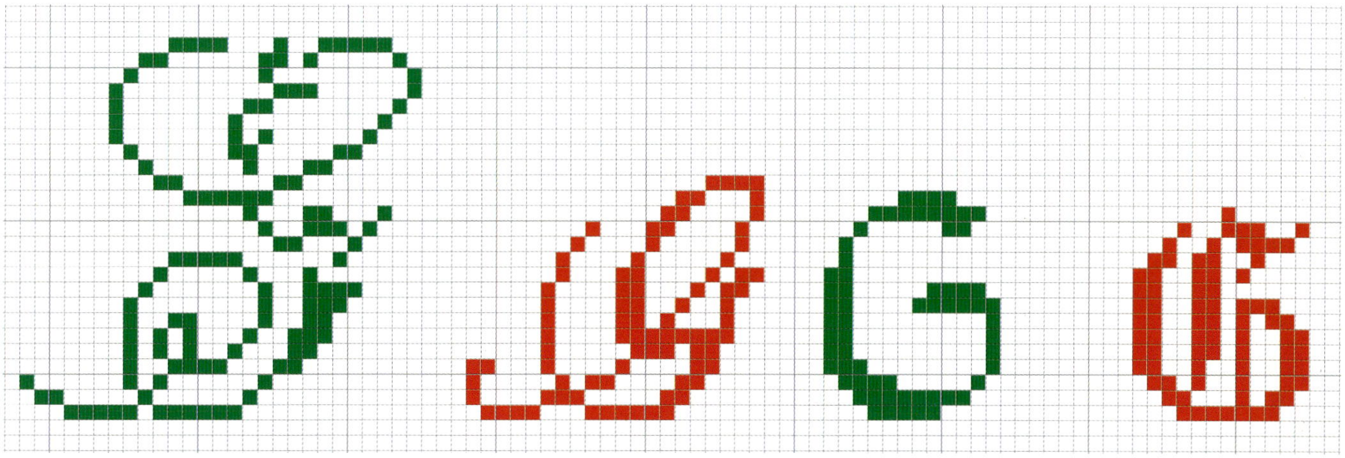

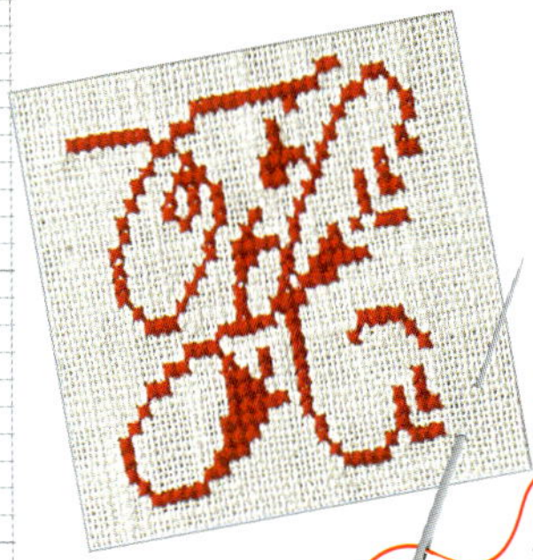

H comme Herbier de nos vacances

Dimensions de la broderie : 13 × 15 cm

Certains rapportent de leurs vacances des pierres précieuses ou des cailloux. Pourquoi ne pas cueillir une fleur ou un brin d'herbe à coller dans cet herbier brodé.

- une échevette de coton mouliné DMC de chaque coloris
- 44 × 31 cm de toile à broder très fine
- de la viseline thermocollante
- du papier aquarelle
- de la cordelette verte

Brodez le motif. Lavez la broderie, repassez-la et collez-la sur la viseline thermocollante. Découpez et collez sur la couverture de l'herbier, dont les pages sont découpées dans le papier aquarelle. Perforez les pages et attachez la cordelette.

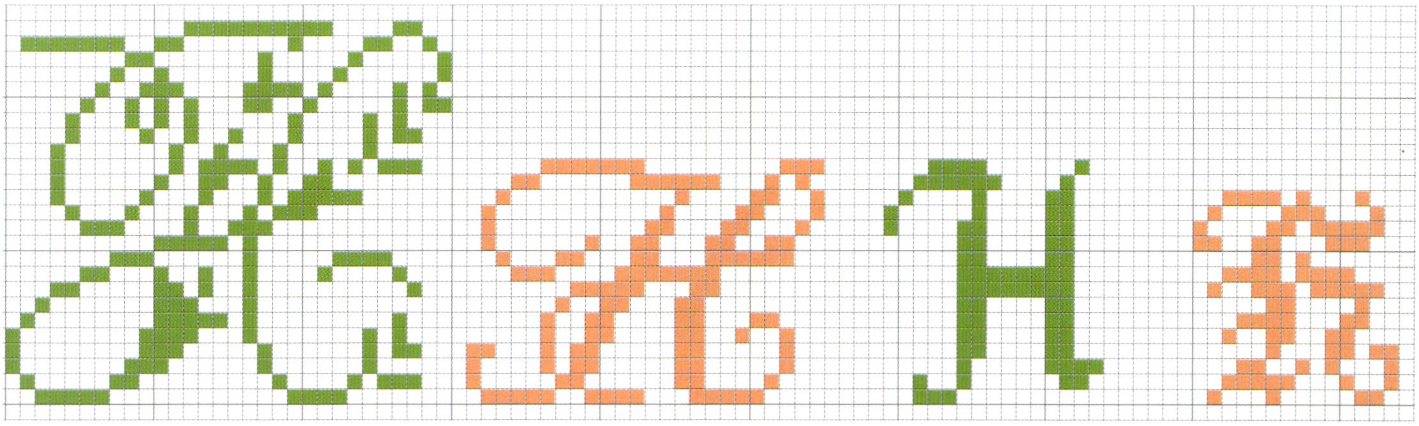

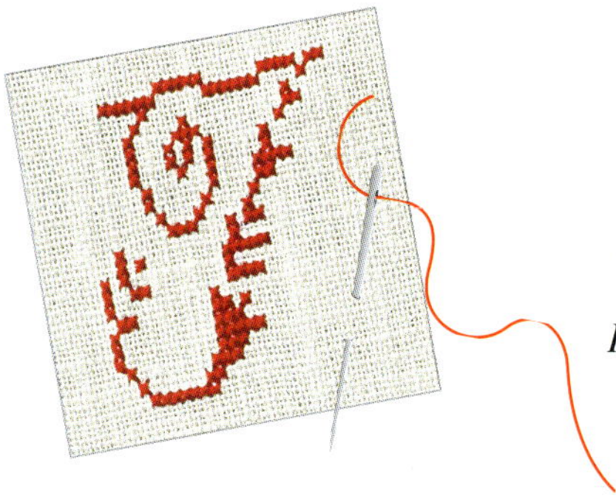

I comme nuée d'Insectes

Impossible à tuer et même morts impossible à épingler...
Alors brodons-les pour confectionner
de belles collections écologiquement correctes!

- une échevette de coton mouliné DMC de chaque coloris
- de la toile Aïda blanche en 7 pts/cm
- de la viseline thermocollante
- du fil de fer très fin pour les pattes et les antennes
- de la peinture noire et un pinceau
- un feutre noir
- de la colle
- des cadres fantaisie

Confectionnez les insectes en brodé-découpé *(voir page 4)*.
Formez les pattes et les antennes dans le fil de fer très fin et peignez-les en noir.
Collez-les sous le corps des insectes.
Disposez et collez les insectes dans les cadres et écrivez, au feutre, les noms de chaque espèce.

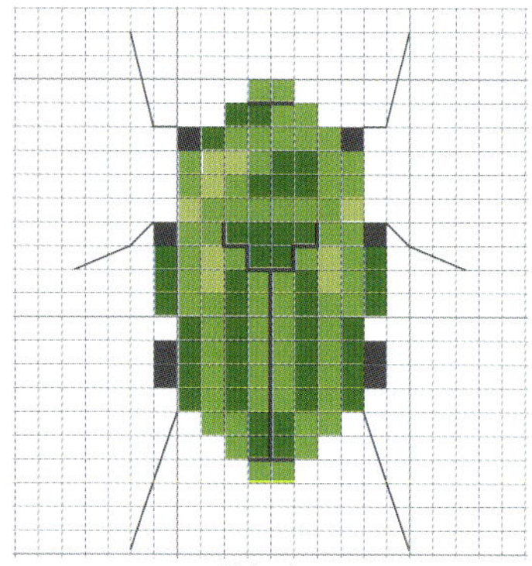

Cétoine

- 472
- 3364
- 3363
- 3799
- — Point de trait en 3799

Bourdon

- 676
- 739
- 415
- 436
- 434
- 839
- 3799
- — Point de trai[t] en 37[99]

- 304
- 814
- 3799
- — Point de trait en 3799

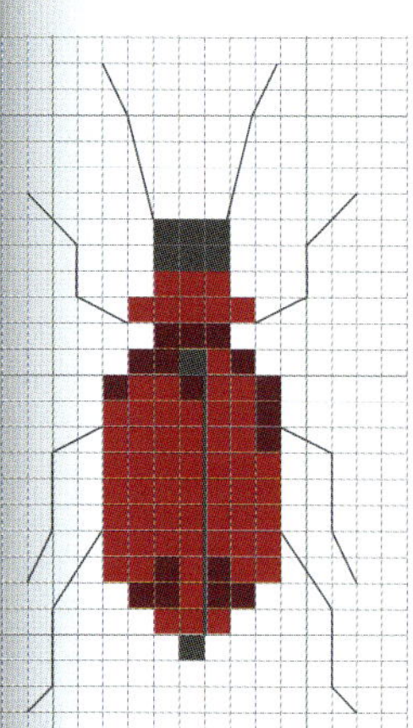

Cardinal

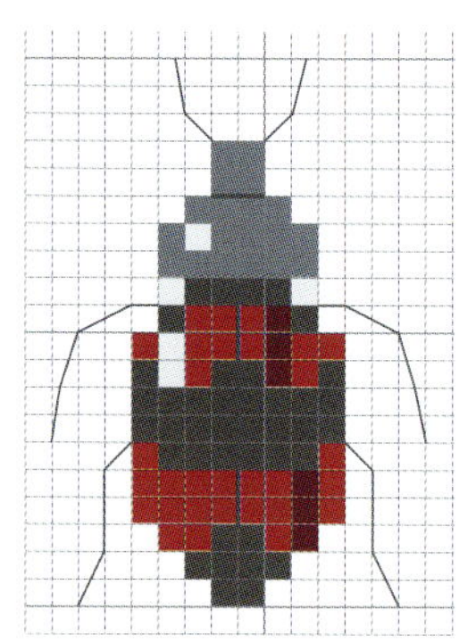

Nécrophore

- 317
- 3799
- 304
- 814
- Blanc
- — Point de trait en 3799

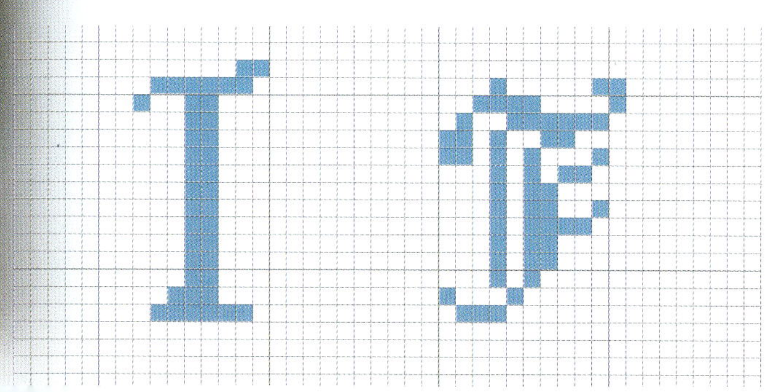

Azuré du Népal

3752	676	3799	611
932	414	613	680
931	317	612	420

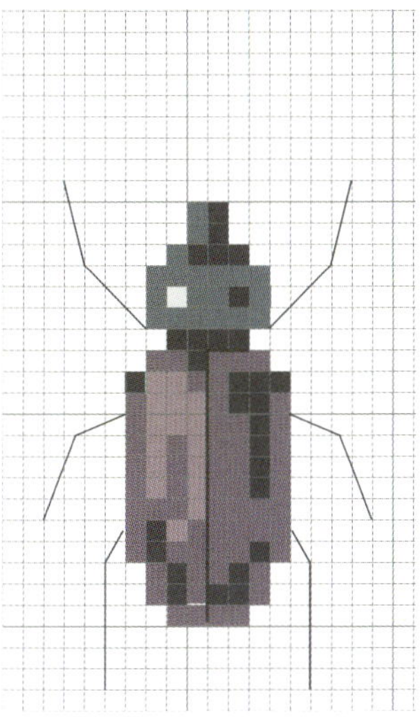

Carabe

- 3042
- 3041
- 317
- 3799
- — Point de trait en 3799

Morpho Rhetenor

841	3799	827
840	341	3755
317	340	334
		Blanc

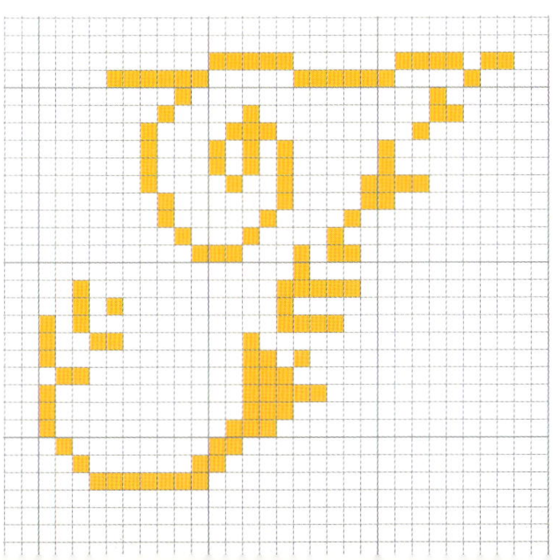

Azuré impérial

3364	734	839	3799
3363	841	436	
3362	840	356	

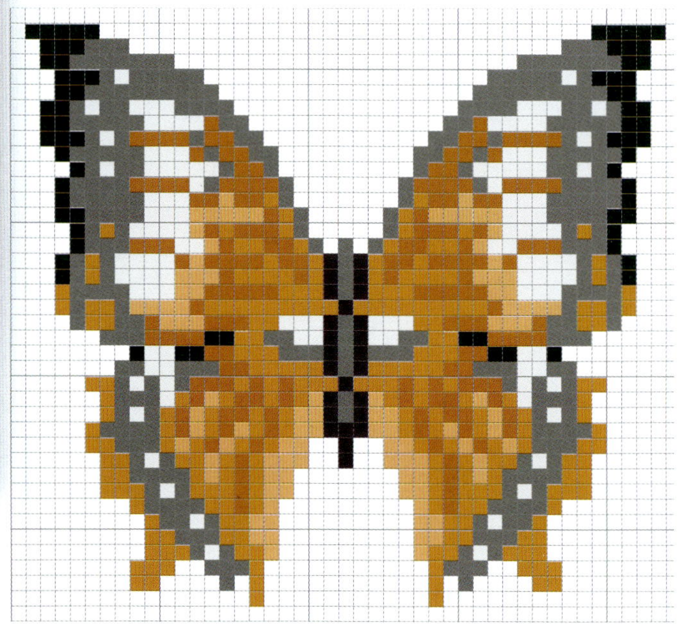

Raja

Blanc	402
3799	3776
310	301

Voilier rose

blanc	355	3799	839
3854	414	436	3371
356	317	437	3773

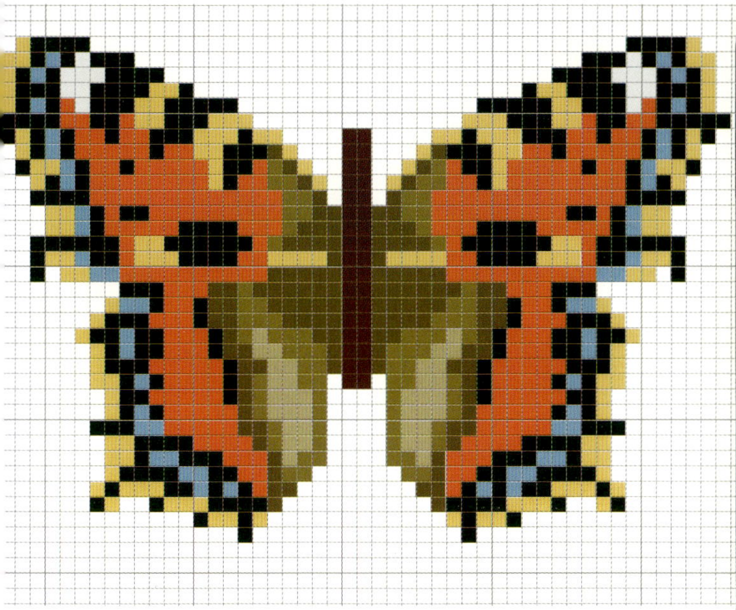

Petite tortue

blanc	350	839
676	613	3371
3755	612	310

Robert-le-Diable

676	840
402	3371
612	310

blanc	356	420
3755	355	839
676	422	3371

Paon du jour

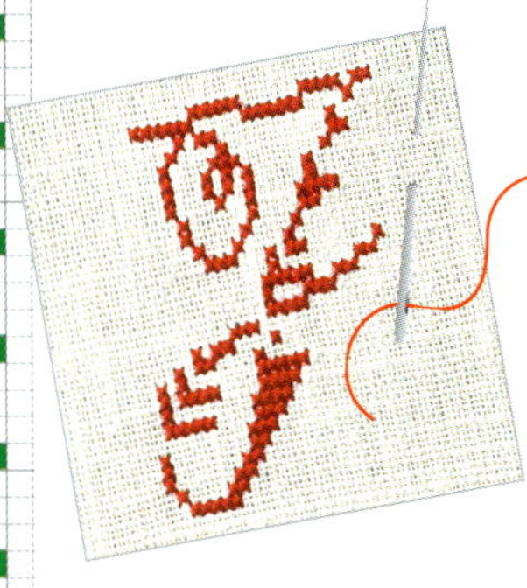

J comme Joker du nain Jaune

Dimensions : 28 × 37 cm

*Voilà un jeu qui, une fois plié,
ne prend pas plus de place
qu'un mouchoir.
On le met dans la valise des enfants
pour occuper les après-midi pluvieux.*

- une échevette de coton mouliné DMC de chaque coloris
- 30 × 40 cm de toile Aïda blanche en 5,5 pts/cm

Brodez les cartes en respectant leur position indiquée sur le modèle photographié. Terminez par un petit ourlet tout autour.

— Point de trait en 310

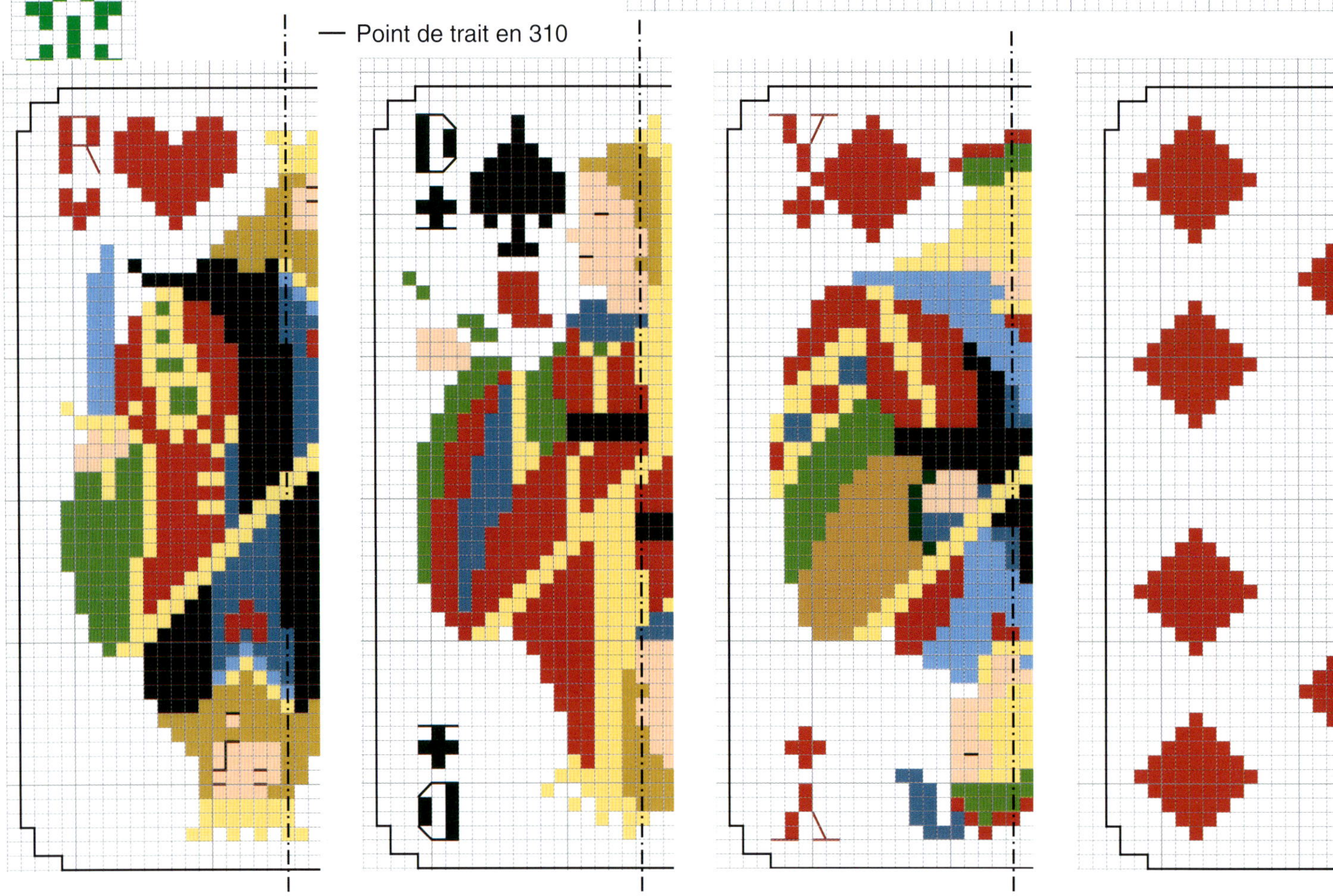

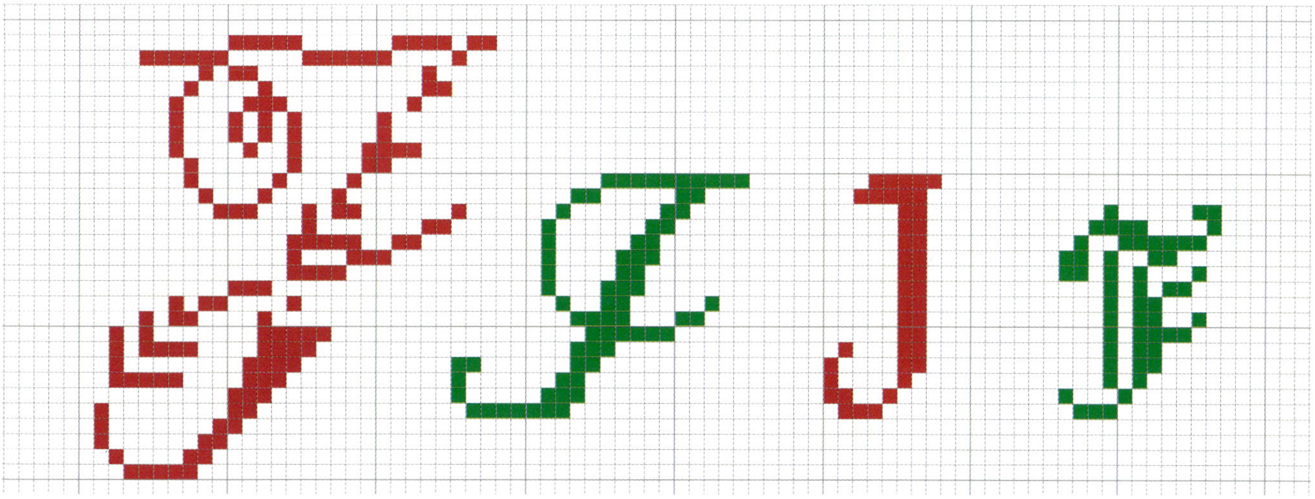

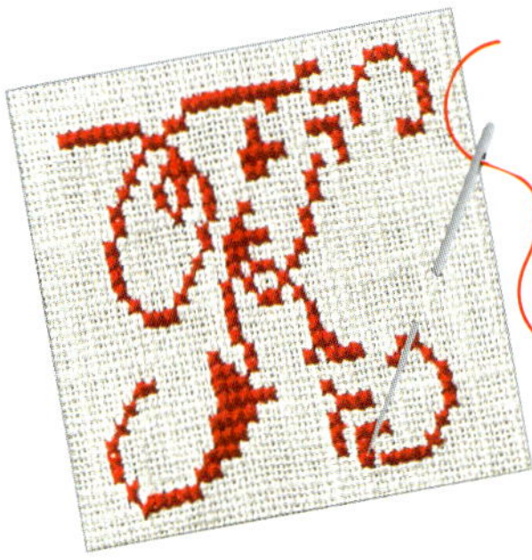

K comme Ketch et ses nœuds marins

Dimensions : 36 × 30 cm

Quelques bouts de ficelle, un peu de recherche et voilà un tableau en trois dimensions.
À broder en vacances entre sable et coquillages.

- une échevette de coton mouliné DMC de chaque coloris
- 36 × 30 cm de toile de lin beige
- de la corde assez fine pour confectionner les nœuds
- du bristol
- un feutre noir
- un cadre de 36 × 30 cm sans verre
- de la colle

Blanc, 676, 433, 3866, 437, 3755, 644, 435

— Point de trait en 3371 (1 fil)

Brodez le ketch, lavez-le et repassez-le.
Encadrez, puis confectionnez les nœuds marins et collez-les en place.
Découpez les étiquettes dans le bristol, écrivez au feutre le nom des nœuds et collez-les.

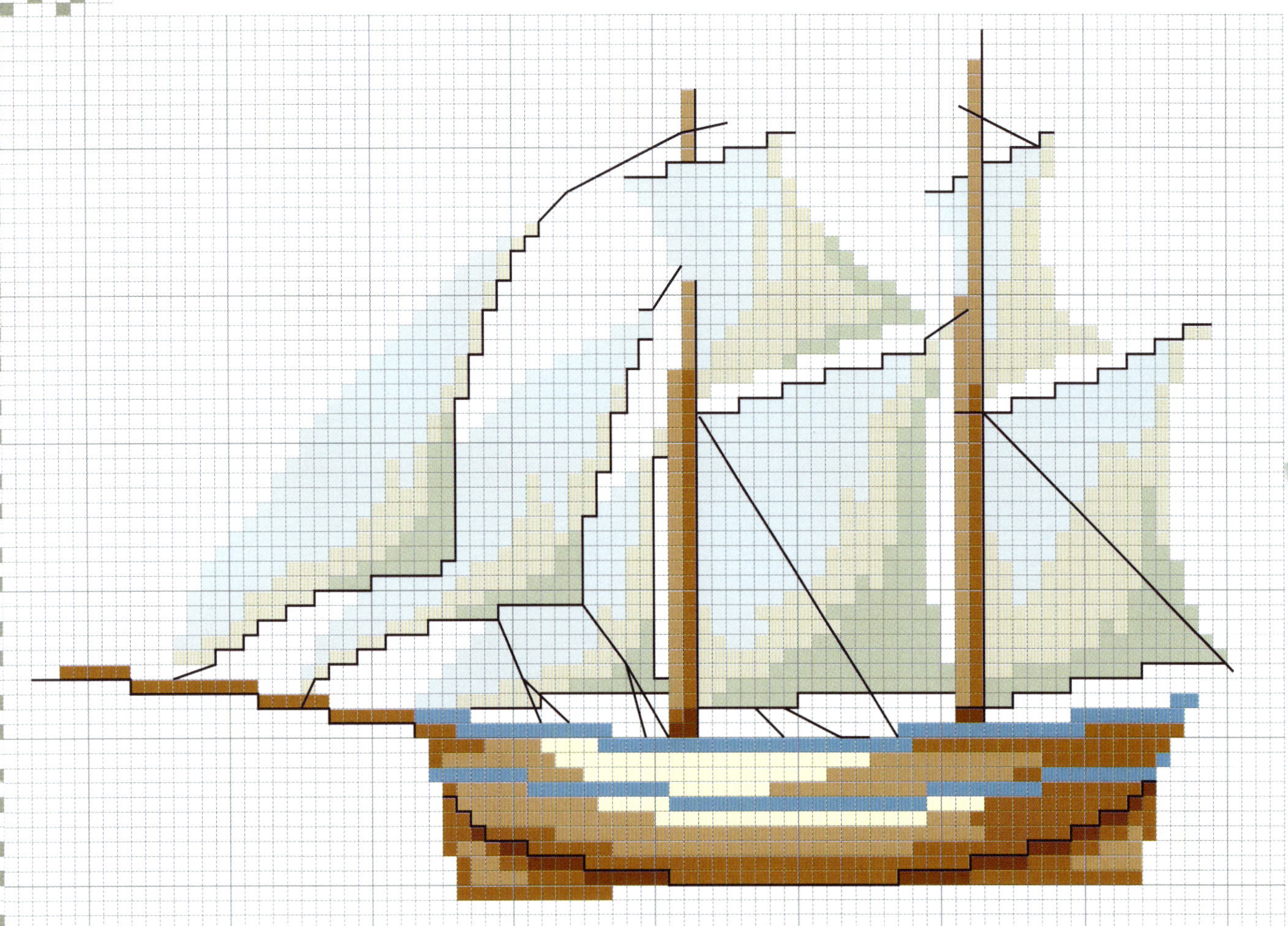

noeud de canick
noeud bec d'oiseau
noeud de chaise
noeud de soche
noeud de cravate

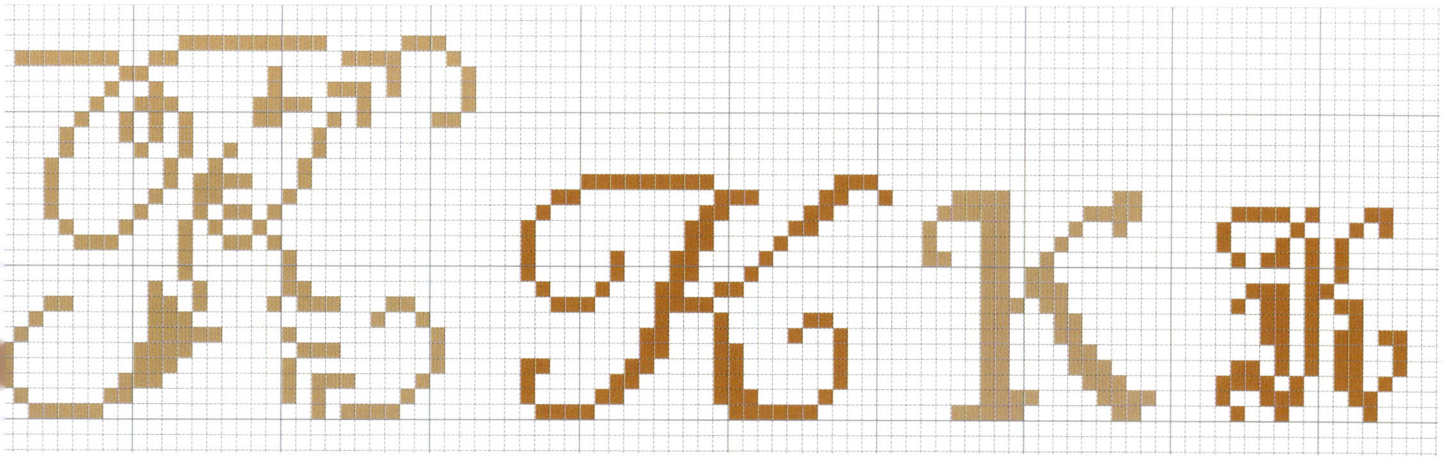

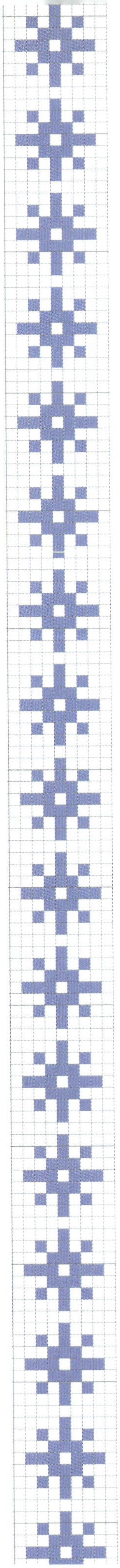

L comme sachets de Lavande

Hauteur : 12 cm

La lavande, c'est le soleil du midi,
le parfum de la Provence.
Invitez-la dans vos armoires et vos tiroirs
et gardez ainsi le souvenir de l'été.

- une échevette de coton mouliné DMC de chaque coloris
- des chutes de toiles différentes
- des rubans assortis

Brodez les motifs avant la réalisation des sachets qui sont confectionnés dans des bandes de toile de 26 × 7 cm (sans coutures) pliées en deux, endroit contre endroit.
Cousez les côtés et faites un ourlet.
Retournez et remplissez de lavande, puis fermez avec les rubans assortis.

726	318	793
783	3747	988
939	341	987
666	794	

— Point de trait en 939 (1 fil)

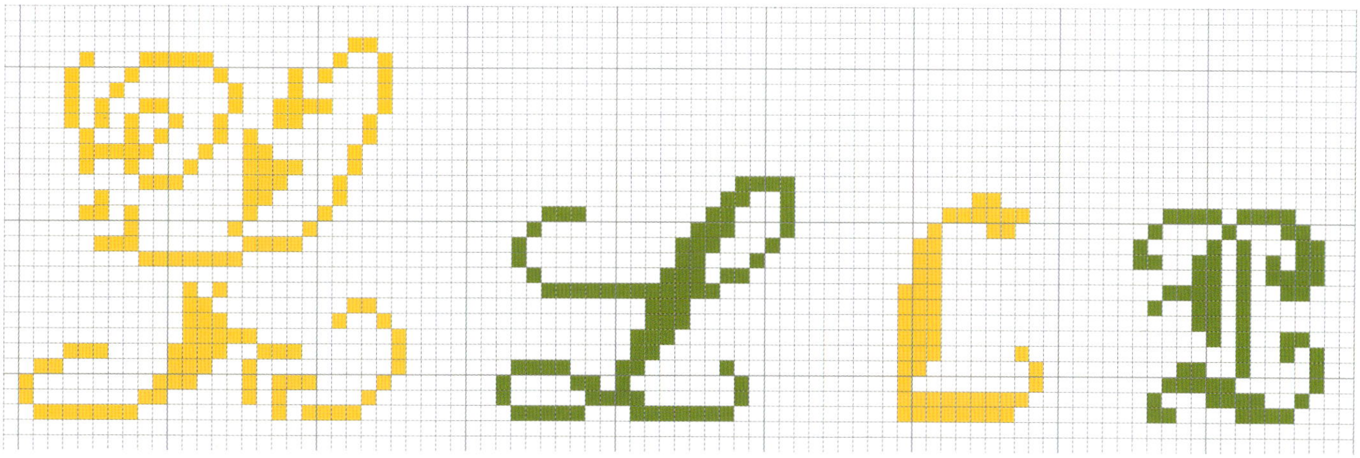

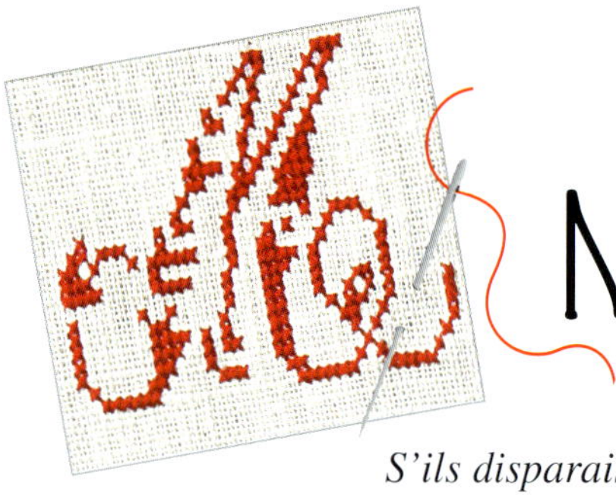

M comme Messages

Suspendez-les à votre porte.
S'ils disparaissent, c'est que votre voleur les aura trouvés jolis...
mais vite brodés, vite remplacés...

- une échevette de coton mouliné DMC de chaque coloris
- de la toile Aïda blanche en 5,5 pts/cm
- de la ouatine pour bourrer les coussins
- des morceaux de rubans blancs

Brodez les motifs en vous reportant aux diagrammes. Lavez-les et repassez-les. Confectionnez les coussins en cousant le dessus et le dessous endroit contre endroit, en laissant une ouverture et sans oublier d'insérer les rubans dans la couture qui serviront d'attaches de suspension. Retournez et bourrez avec la ouatine, puis fermez.

754	744	799
758	3325	3064

— Point de trait en 336

- 745
- 436
- 800
- 3838

— Point de trait en 336

- 762 (1/2 point de croix)
- 415
- 800
- 318
- 435
- — Point de trait en 336

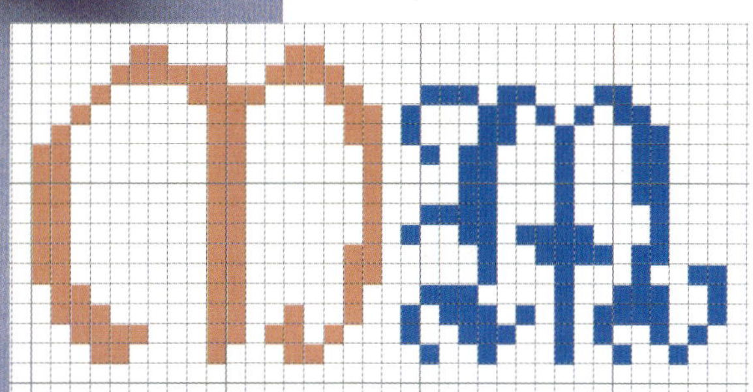

- 799
- 3023
- 322
- 3024
- 3854
- 352
- 976
- 353
- 3045
- 310
- — Point de trait en 310

746	794	938
676	793	
680	— Point de trait en 938	

LES GROSEILLES
voir diagramme page 18

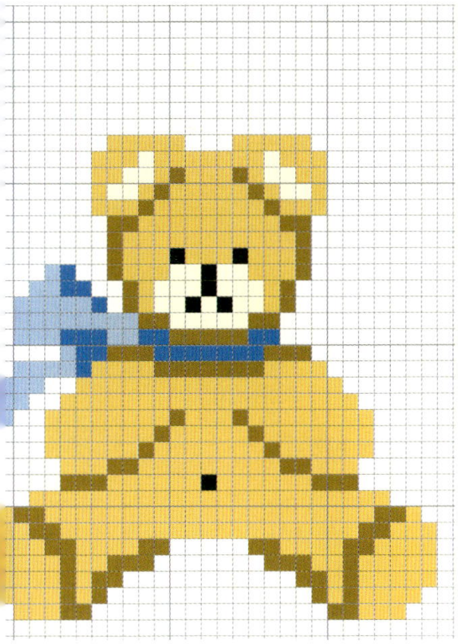

■ 3743	
■ 3042	
■ 3041	
■ 814	
■ 645	
■ 368	
■ 367	
■ 347	
■ 647	
■ 310	
—	Point de trait en 310 (1 fil)
—	Point de trait en 744 (2 fils)

■ 3348	■ 353
■ 3347	■ 352
■ 895	■ 350
□ blanc	■ 347

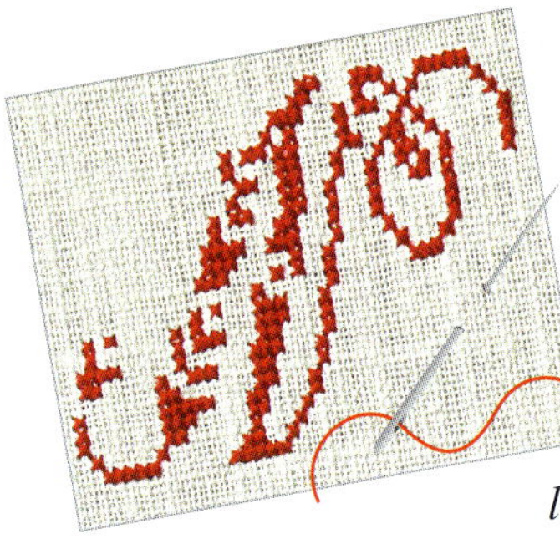

N comme Noël

Les cadeaux… mais aussi
les petites attentions qui ressemblent à des cadeaux.

- une échevette de coton mouliné DMC de chaque coloris
- de la toile unifil pour A et B
- de la toile Aïda blanche en 7 pts/cm pour C
- de la viseline thermocollante
- des cartes peintes (ou à peindre vous-même)

Brodez les motifs A et B en demi-point de croix avec 2 fils de coton mouliné sur 1 fil de toile unifil *(voir généralités page 4)*. Brodez le motif C au point de croix sur la toile Aïda. Collez-les motifs brodés sur la viseline thermocollante. Découpez-les et collez-les en place sur les cartes peintes.

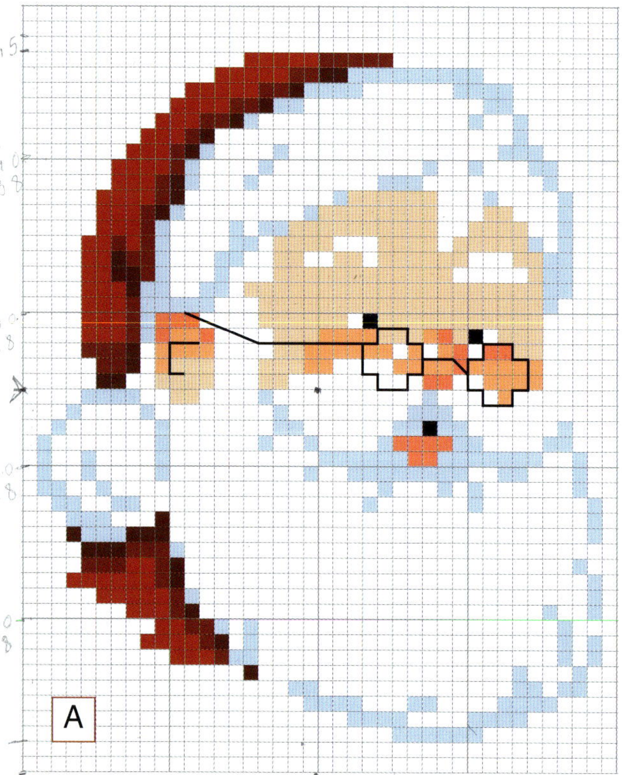

950 · 3752
817 · 352
815 · 351
902 · 939

— Point de trait en 939

321 · 809 · 988
815 · 939 · — Point de trait en 939

368 · 815
909 · 3752
666 · 310

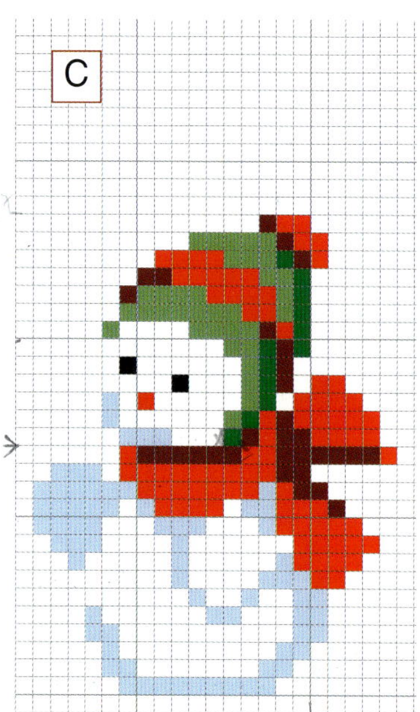

MR
MR

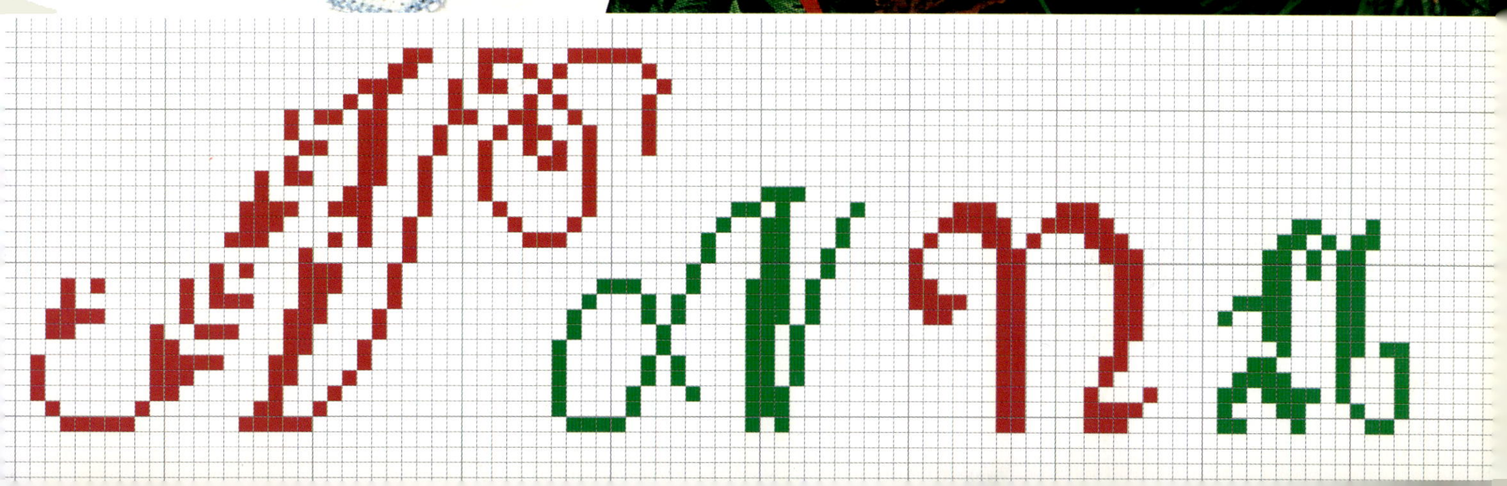

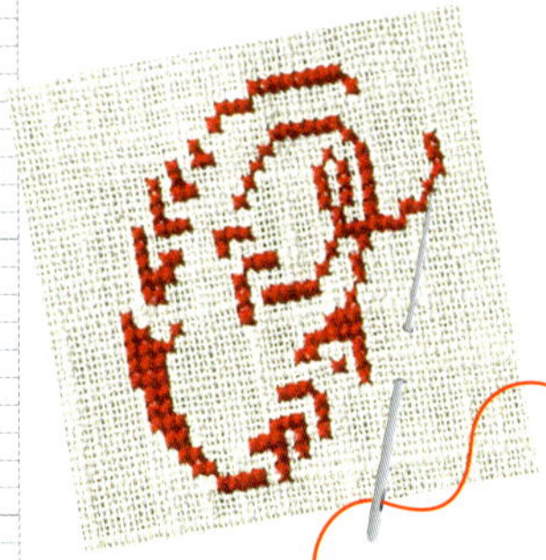

O comme boîte à Ouvrages

Brodons machine, fils et tissus
pour nous donner du cœur à l'ouvrage.

- une échevette de coton mouliné DMC de chaque coloris
- Toile de lin en 7 pts/cm
- une boîte en carton d'environ 20 × 20 cm
- de la viseline thermocollante
- du galon assorti
- de la colle

Brodez le motif en vous reportant au diagramme.
Lavez-le et repassez-le. Collez la broderie sur la viseline thermocollante.
Mesurez le dessus de la boîte et coupez la broderie à 2 cm du bord.
Collez cette broderie au centre du couvercle.
Collez le galon tout autour.

Points de trait:

- le bois en 632
- la machine en 833
- tissu jaune en 435
- tissus roses en 3688
- tissus verts en 502
- tissus bleus en 793
- divers en 535

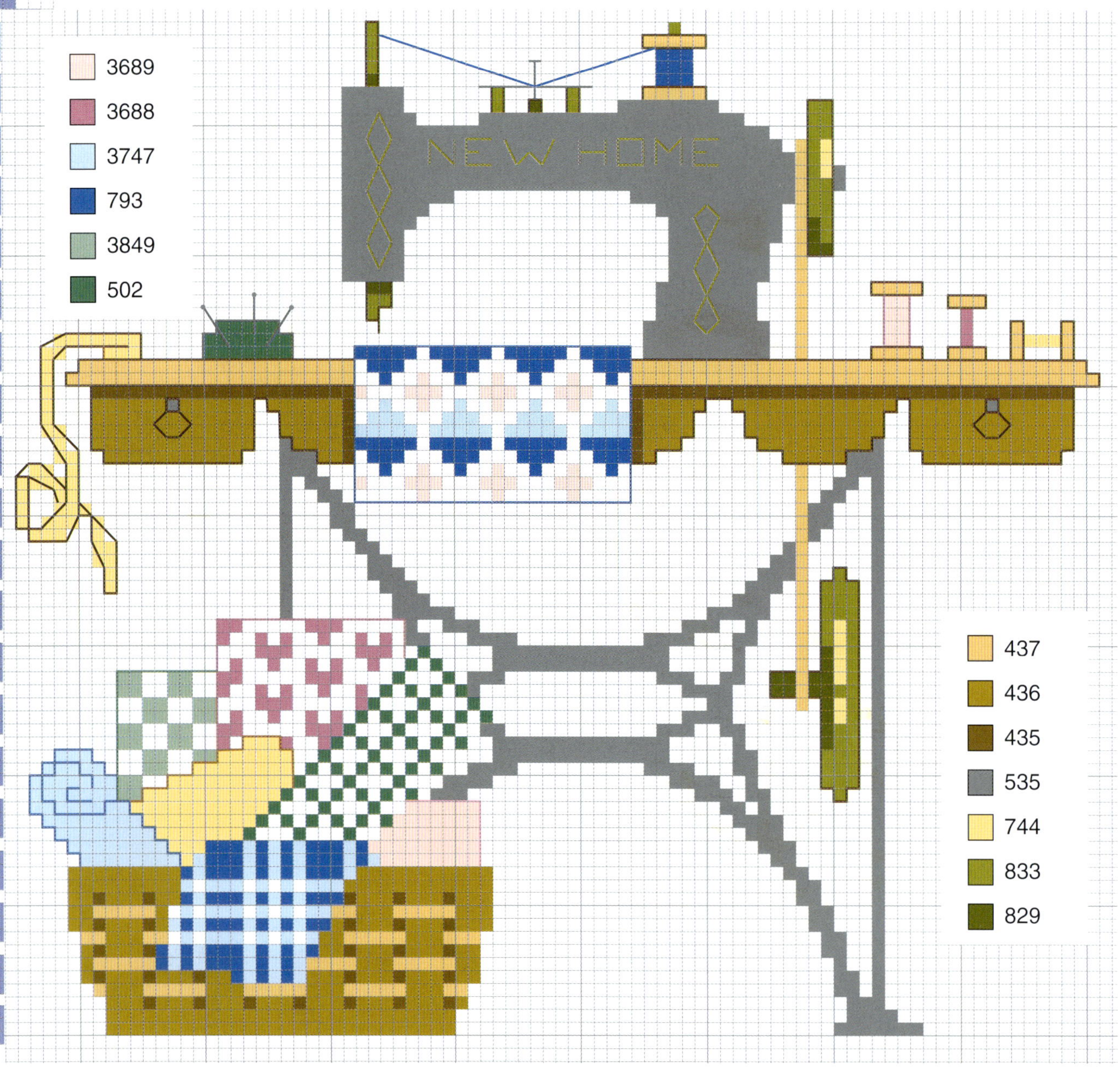

NEW HOME

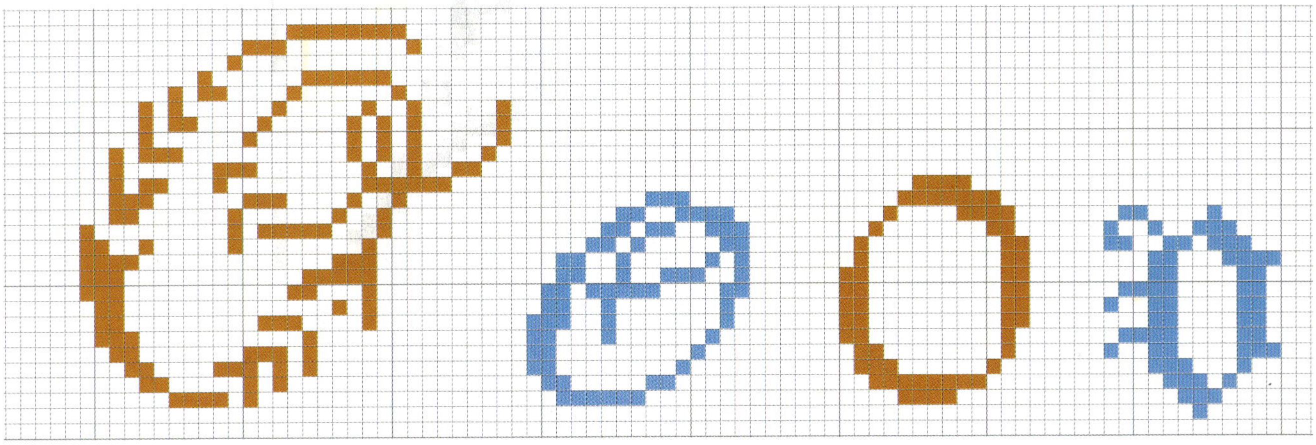

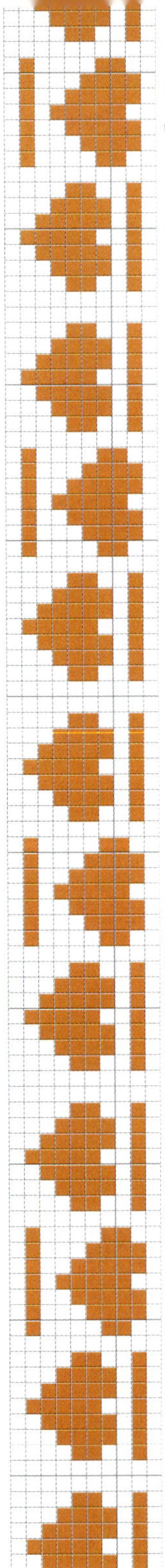

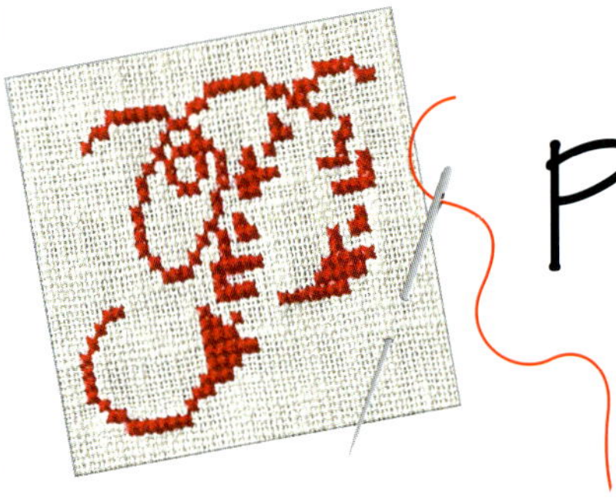

P comme une Poule sur un mur...

Dimensions : 11 × 15 cm

Dans une cuisine, il faut une poule, pour les oeufs.
Gardons cette poule derrière son grillage et réservons-lui un petit coin de mur...

- une échevette de coton mouliné DMC de chaque coloris
- de la toile Aïda écrue en 7 pts/cm
- un cadre de 11 × 15 cm
- de la viseline thermocollante
- du grillage à poule
- de la paille
- 11 × 15 cm de bristol marron
- de la colle

Faites la poule en brodé-découpé *(voir page 4)*.
Remplacez le verre du cadre par le grillage. Collez la poule au centre du morceau de bristol. Intercalez la paille entre le grillage et le bristol, au pied de la poule.

347	433	317
815	301	739
676	402	738
644	801	

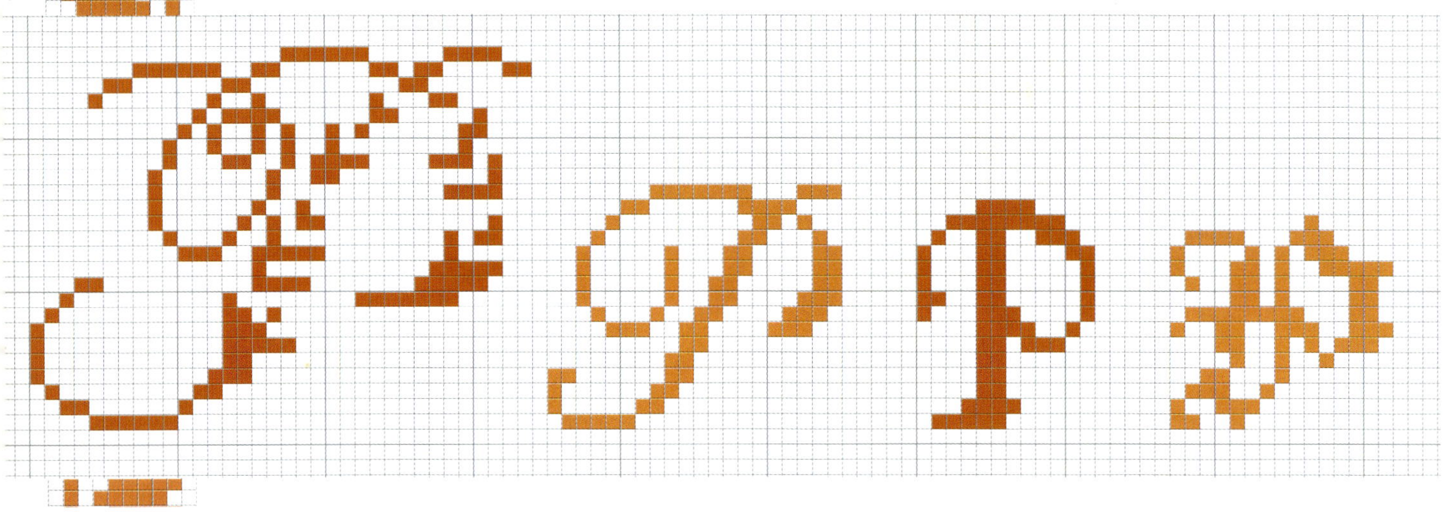

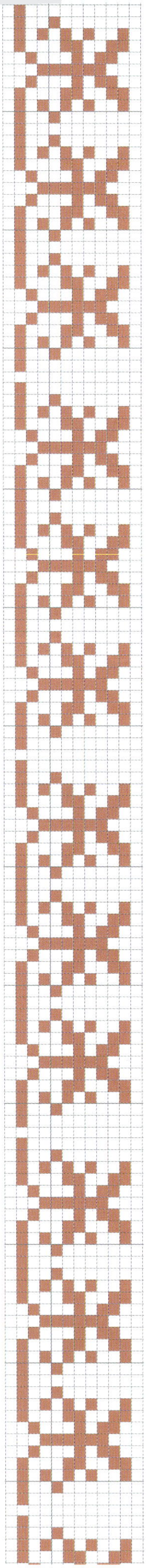

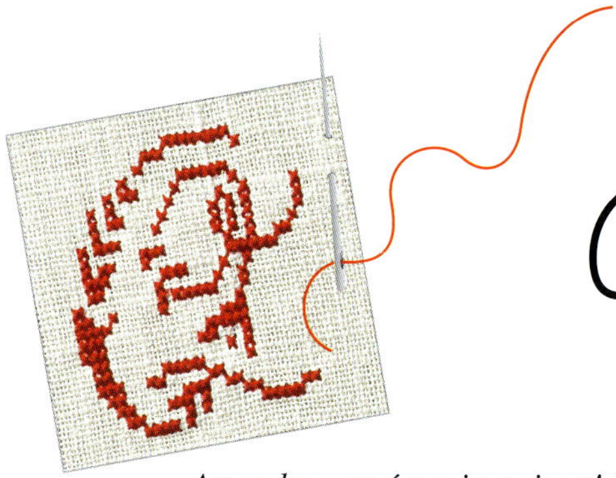

Q comme Quentin

Dimensions : 23 × 28 cm

Attendre, espérer, imaginer! Le temps semble long avant l'arrivée de Bébé. Préparons son tableau de naissance, il n'y aura plus qu'à ajouter le prénom et la date.

- une échevette de coton mouliné DMC de chaque coloris
- 25 × 30 cm de toile Aïda blanche en 5,5 pts/cm
- un cadre de 23 × 28 cm

Brodez le tableau en vous reportant au diagramme. Brodez ensuite le nom du bébé.

Quentin
11-05-99
18h50
49 cm
2kg730

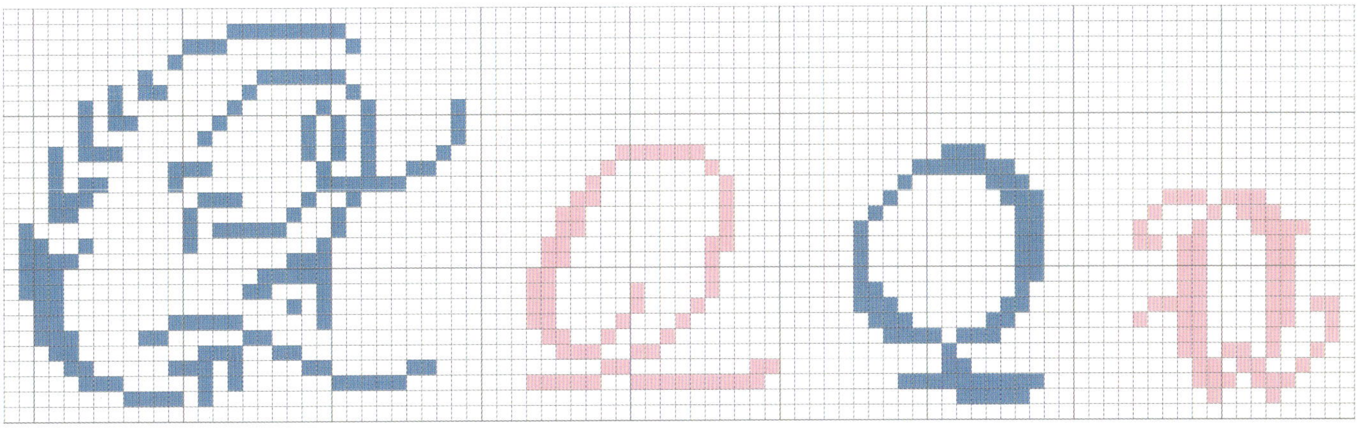

R comme Ronds de serviettes

Invitez tout l'été à votre table,
avec ces papillons et ces tournesols...

- une échevette de coton mouliné DMC de chaque coloris
- de la toile Aïda blanche en 5,5 pts/cm
- de la viseline thermocollante
- des anneaux de rideaux en bois de Ø 45 mm
- des petits clous, un marteau et une vrille

Faites les motifs en brodé-découpé *(voir page 4)*. Immobilisez l'anneau (dans un étau par exemple). À l'aide la vrille, amorcez un trou dans la tranche de l'anneau. Clouez le motif avec un petit clou.

733
840
801
727
725
783

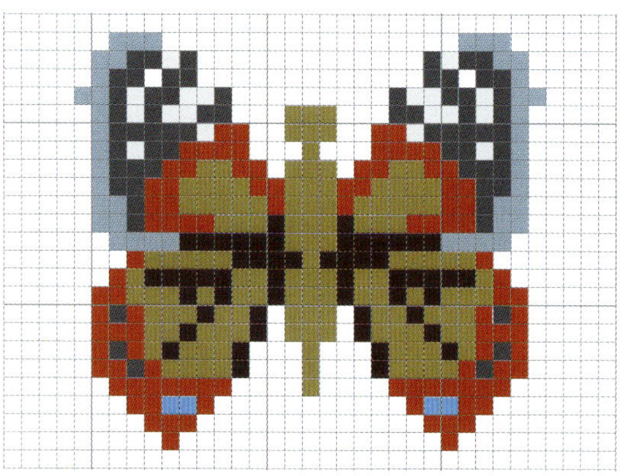

Blanc
3799
318
840
801
794
920

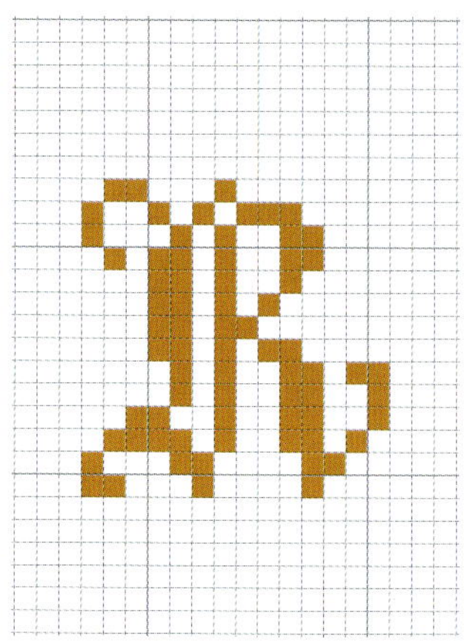

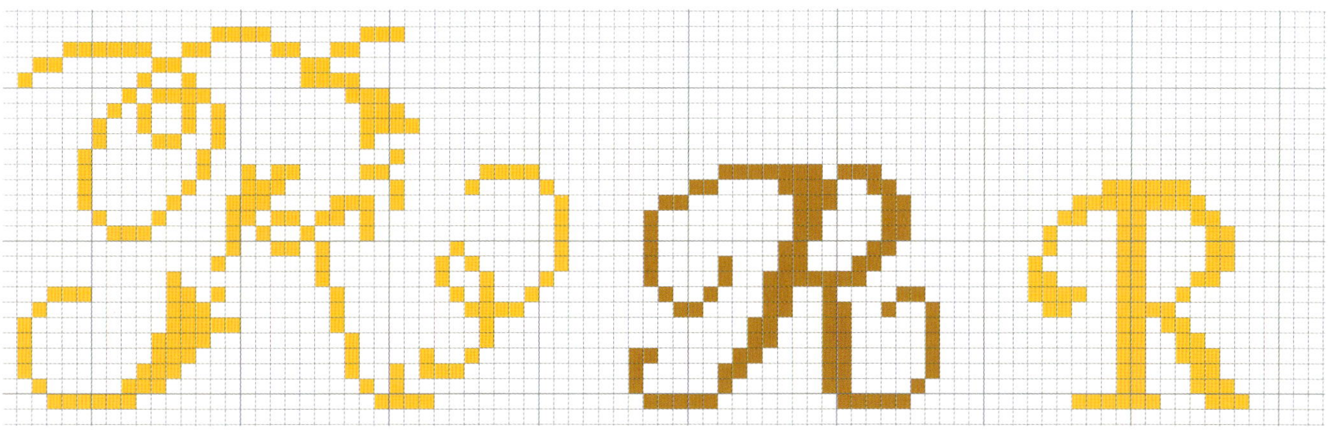

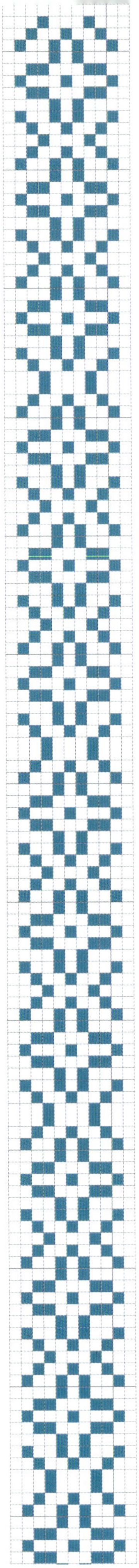

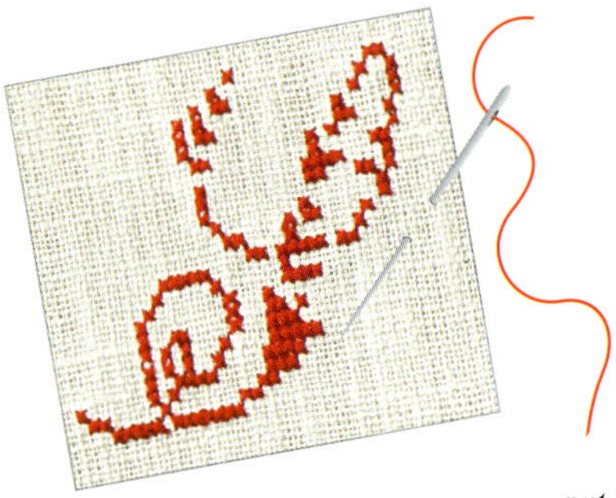

S comme Signets

Hauteur totale de chaque signet : 15 cm

art. 1 - Ne jamais corner les pages d'un livre
art. 2 - Oublier son signet à la page que l'on a aimée
art. 3 - Oublier son signet dans le livre que l'on vous a prêté...

- une échevette de coton mouliné DMC de chaque coloris
- de la toile Aïda blanche en 5,5 pts/cm
- de la viseline thermocollante

Brodez les motifs des signets.
Lavez-les et repassez-les.
Collez-les sur de la viseline thermocollante.
Découpez partiellement la forme de chaque signet en vous reportant aux diagrammes.

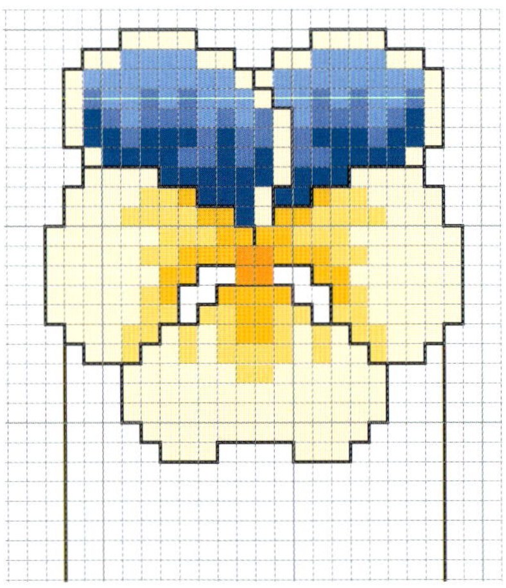

745
744
743
741
3839
793
792
Point de trait en 3799 (1 fil)

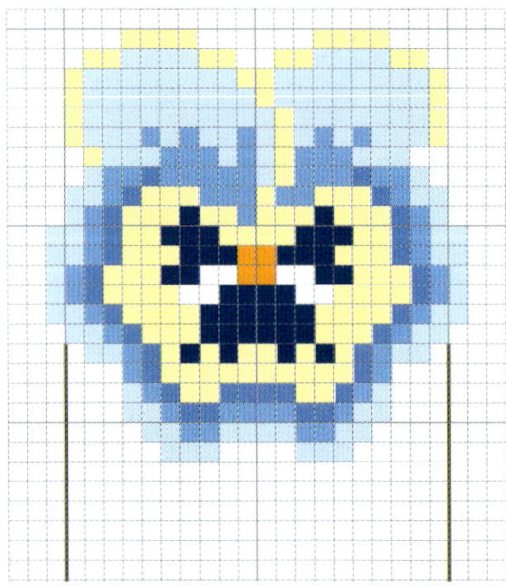

3078
3747
794
793
791
741

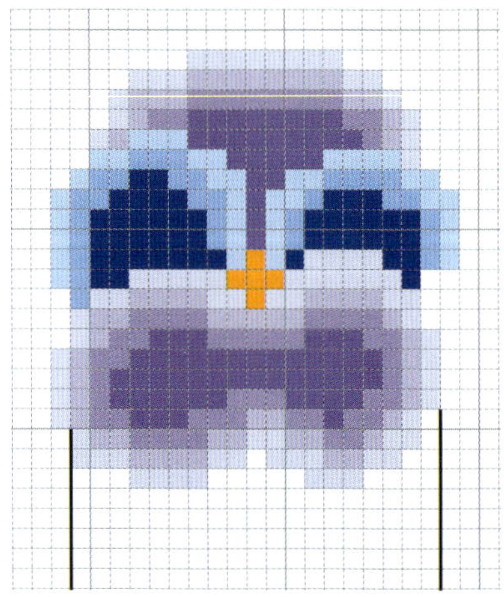

3747
340
3746
333
827
793
791
741

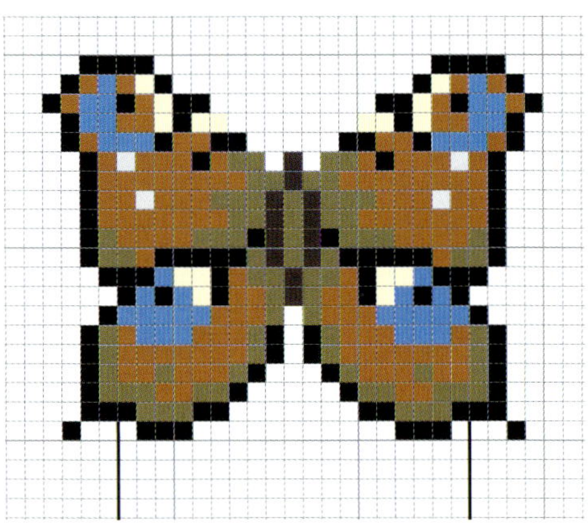

Blanc
676
794
920
840
801
3799

733
840
801
727
725
783

VESCES

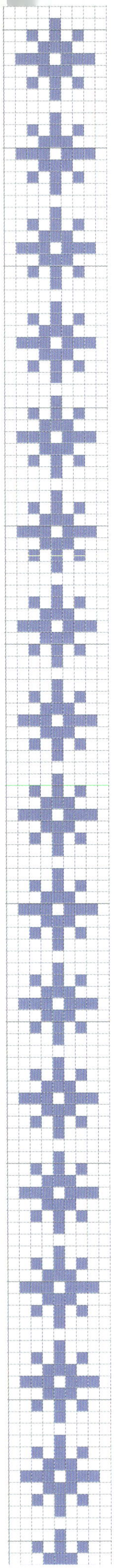

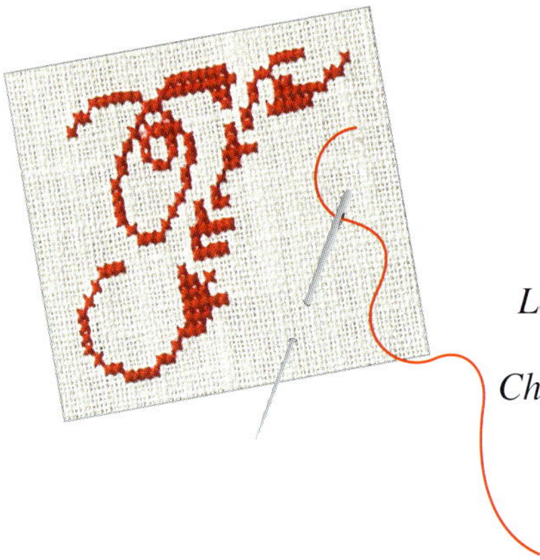

T comme Timbres-poste

Le facteur, amusé, accompagnera volontiers cette lettre brodée jusqu'à son destinataire.
Changez la couleur du timbre et une jolie collection commence...

- une échevette de coton mouliné DMC de chaque coloris
- de la toile Aïda blanche en 7 pts/cm
- de la viseline thermocollante

Brodez les les motifs de chaque timbre en vous reportant au diagramme.
Lavez la broderie et collez-la sur de la viseline thermocollante.
Découpez soigneusement les timbres à un fil des dents.
Collez ces timbres sur des enveloppes ou rangez-les dans un album.

Rouge	Marron	Violet	Bleu	Vert	Vert jaune	Orange
760	642	3836	3755	564	3348	402
347	3790	3837	322	992	3347	921

— Point de trait en 414 (1 seul fil)

REPUBLIQUE FRANÇAISE
LA POSTE
MR-

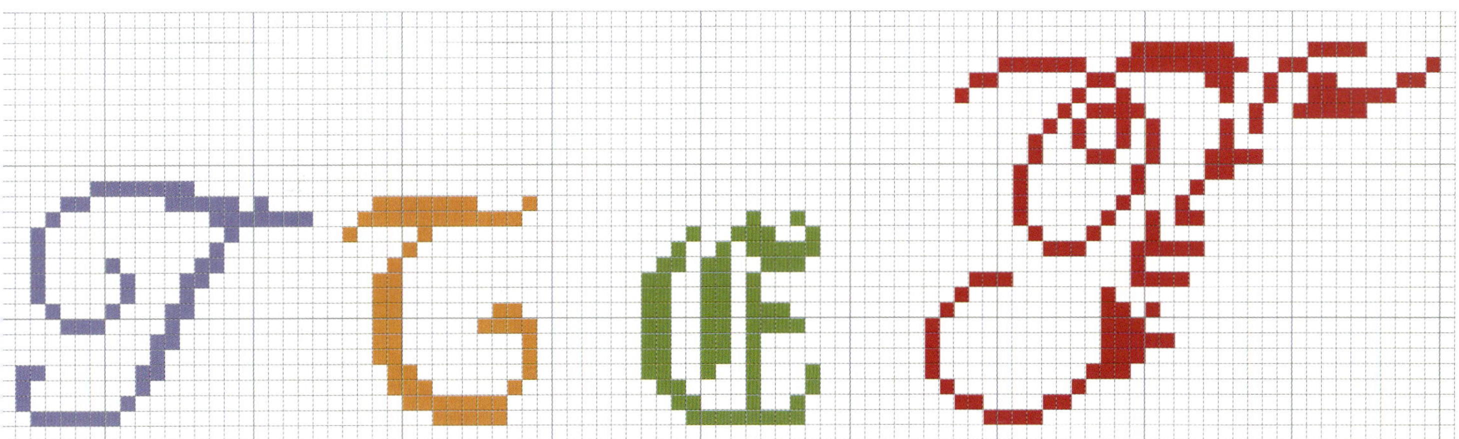

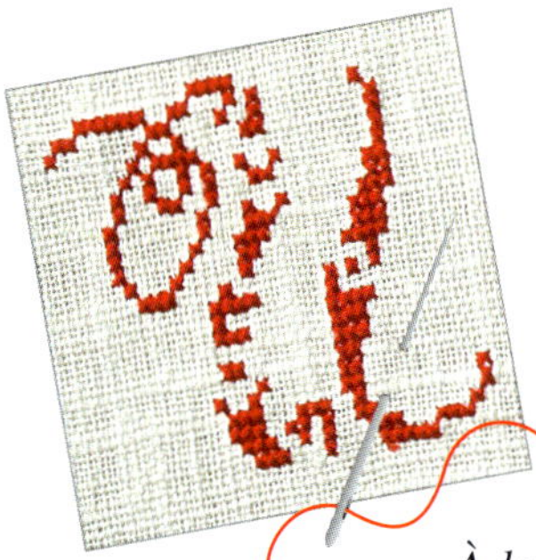

U comme Ustensiles de cuisine

Dimensions: 17 × 12 cm

À la maison, ce serait plutôt: «Ici, nous dînons à toute heure…»

- une échevette de coton mouliné DMC de chaque coloris
- 17 × 12 cm de toile de lin en 7 pts/cm
- un cadre avec verre de 17 × 12 cm

Brodez le motif en vous reportant au diagramme. Lavez la broderie et repassez-la. Encadrez votre réalisation et accrochez-la dans la cuisine.

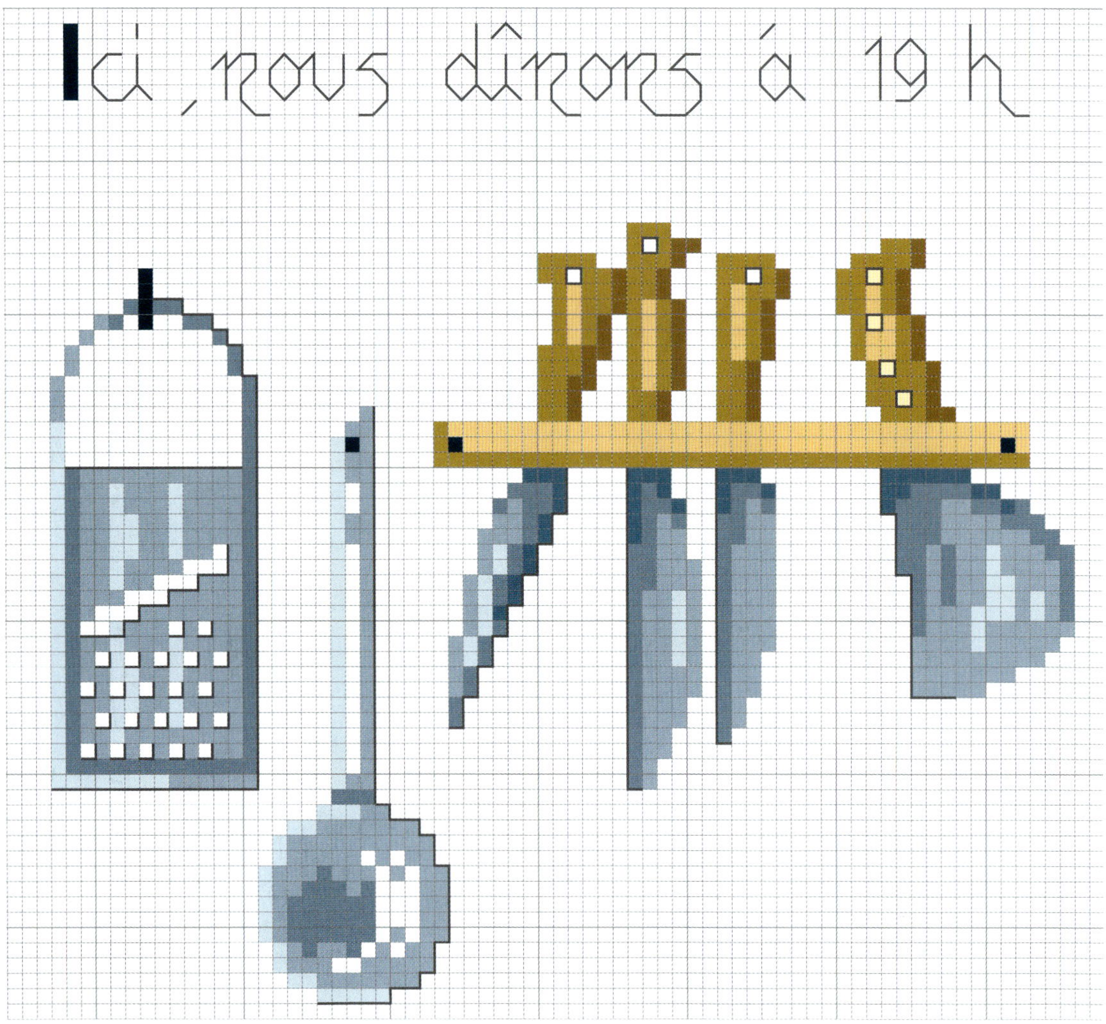

676	Blanc	414
437	762	3799
435	415	— Point de trait en 3799 (1 fil)
632	318	

Ici, nous dînons
à 19 h

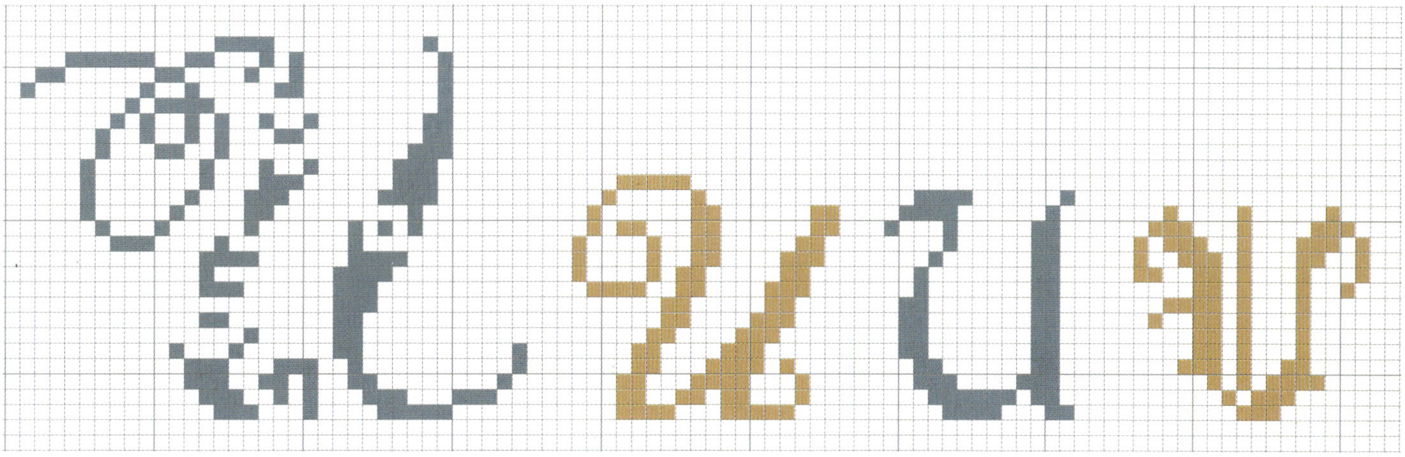

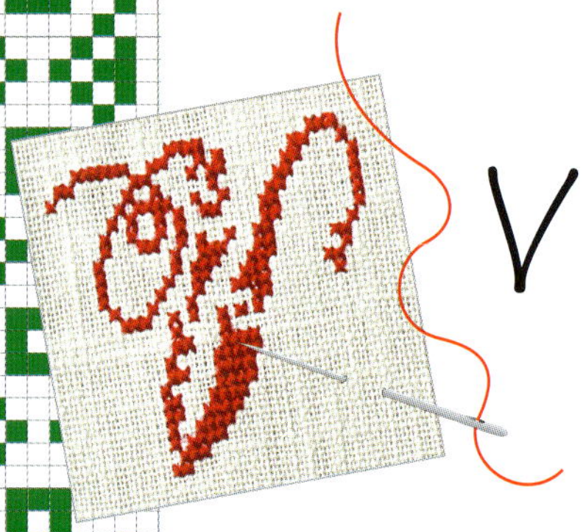

V comme mes Voyages

Dimensions de chaque carte : 15 × 10,5 cm

Pendant la sieste des enfants, brodez la région de France où vous passez vos vacances. Envoyez-la à vos amis ou à vous-même, elle s'ajoutera aux photos de l'album familial et deviendra souvenir.

- une échevette de coton mouliné DMC de chaque coloris
- de la toile de lin en 7 pts/cm
- de la viseline thermocollante
- du bristol
- un feutre noir

Brodez le motif de votre choix en vous reportant au diagramme correspondant. Lavez et repassez la broderie et collez-la sur de la viseline thermocollante. Découpez soigneusement la broderie. Découpez le bristol un peu plus grand que la broderie. Collez cette dernière au centre du bristol. Tracez un listel au feutre noir. Collez un vrai timbre et postez votre carte.

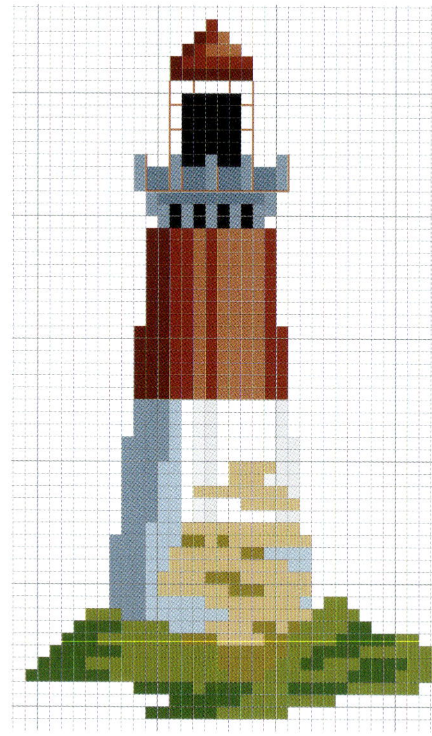

347	318	842
816	317	841
814	3799	3012
762	415	3051
— Point de trait en 347		Blanc

- 434
- 801
- 890
- 367
- 3364
- 3363
- 3362
- 676
- 3747
- 340
- 333
- 644
- 611
- 610
- 613
- 3752
- blanc
- — Point de trait en 939
- — Point de trait en 611
- — Point de trait en 3362

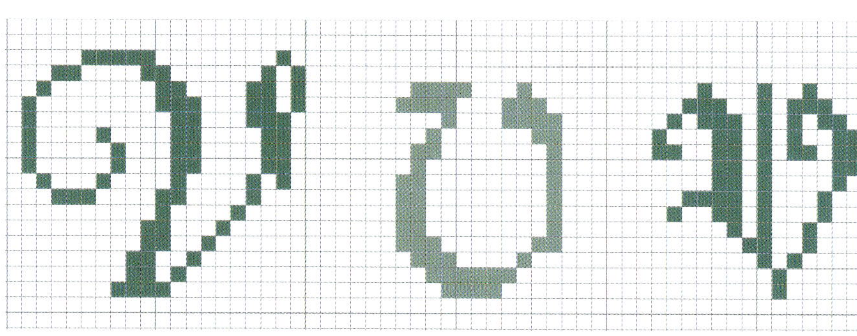

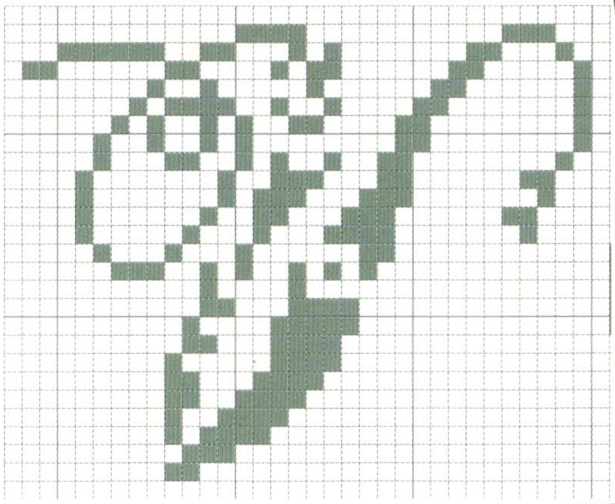

	3849		Blanc
	502		453
	926		645
	927		950
	927 (1/2 Pt de croix)		407
	930	—	Point de trait en 453
	632	—	Point de trait en 645
	3046	—	Point de trait en 632
	452		

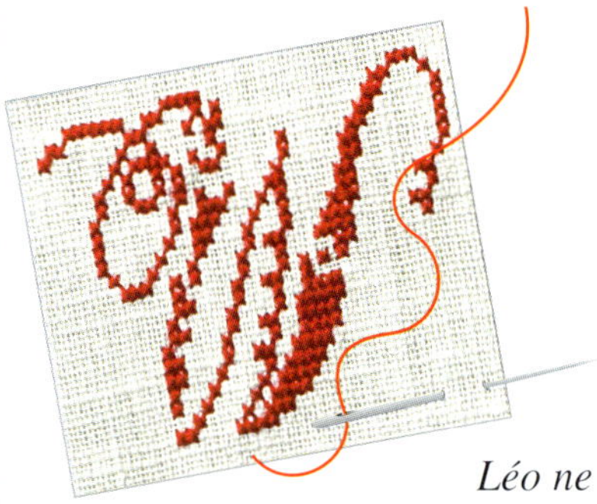

W comme Western

Dimensions de la broderie : 17 × 23 cm

Léo ne vaut pas cher (2 $),mais sa personne m'est précieuse.
Aussi je lance un avis de recherche. Lui, est heureux de voir sa tête mise à prix comme son héros préféré.

- une échevette de coton mouliné DMC de chaque coloris
- 17 × 23 cm de toile Aïda blanche en 5,5 pts/cm
- 17 × 23 cm de viseline thermocollante
- 26 × 32 cm de papier à dessin
- un feutre rouge
- de la colle pour tissus

Brodez le motif en vous reportant au diagramme.
Lavez la broderie, repassez-la, puis collez-la sur la viseline thermocollante.
Terminez en collant la broderie sur le papier à dessin et tracez un listel au feutre rouge.

- Blanc
- 434
- 801
- 347
- 815
- 3024
- 413
- 310
- 3064
- 932
- 931
- 950
- Point de tr
en 310

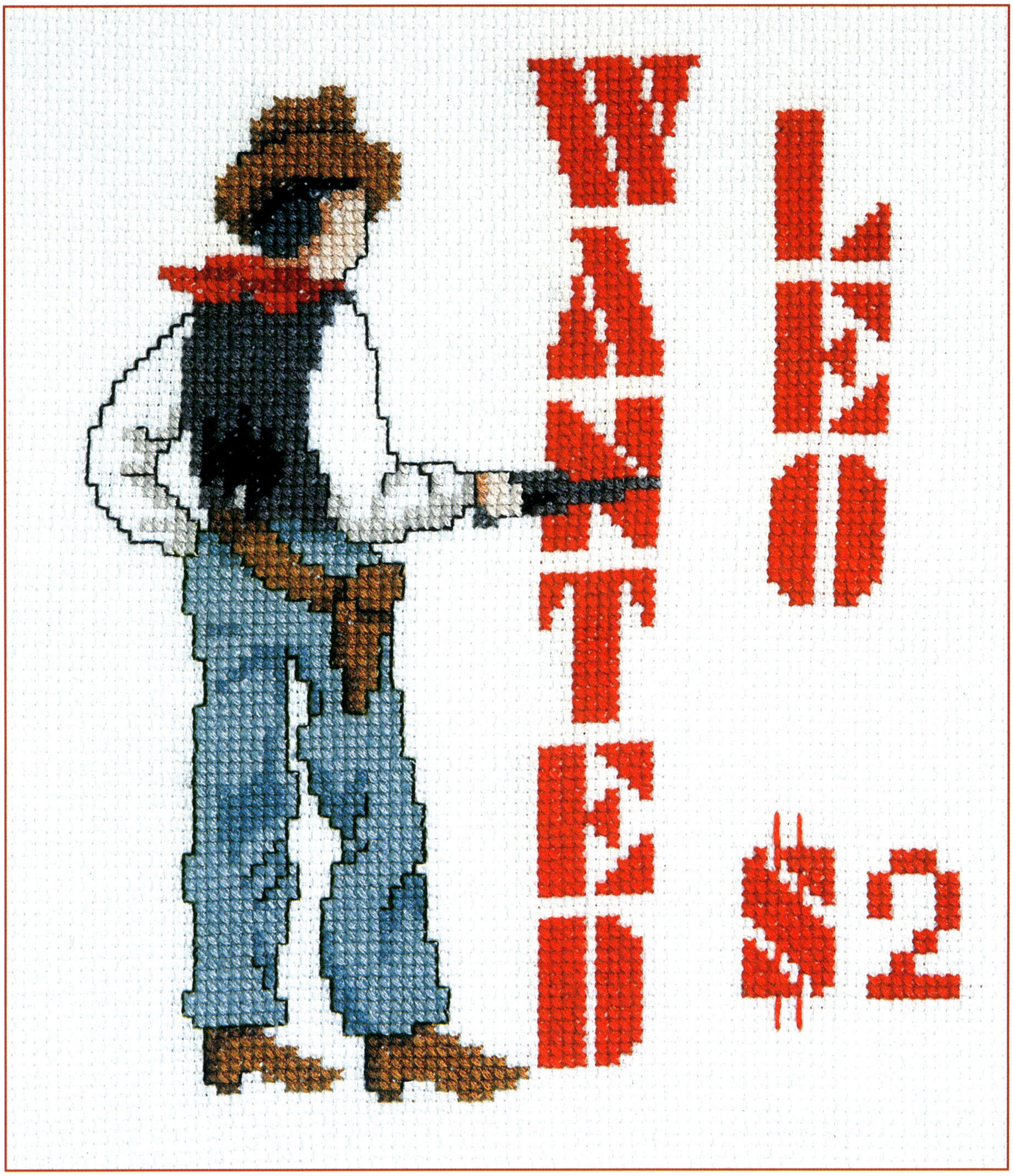
WANTED
LEO
$2

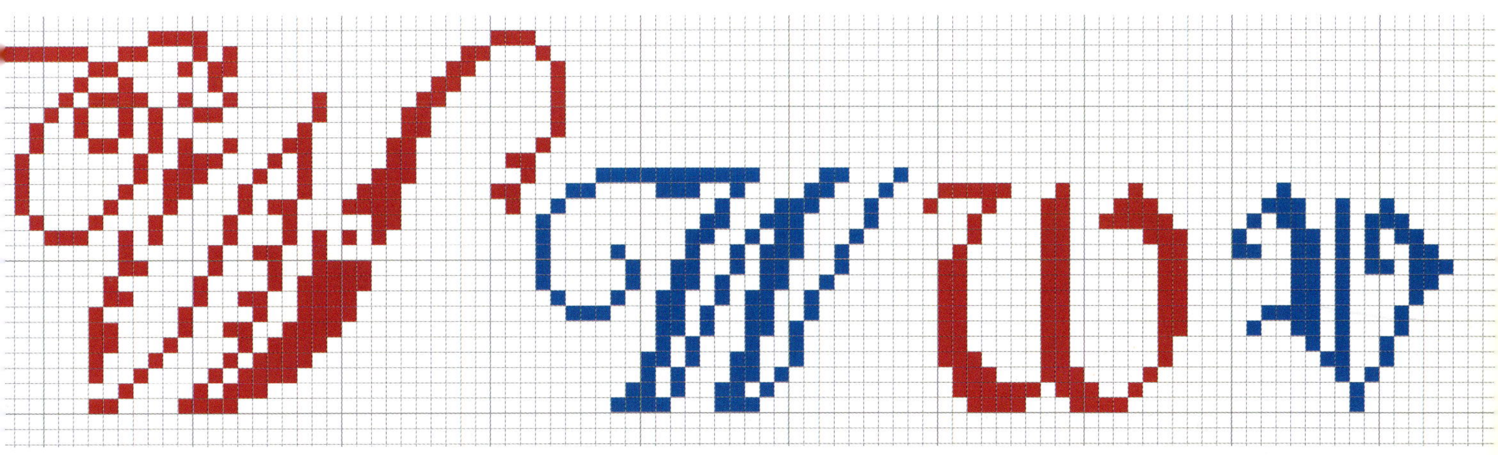

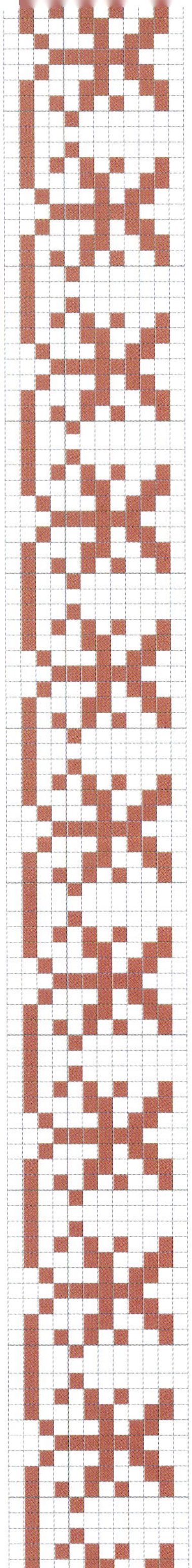

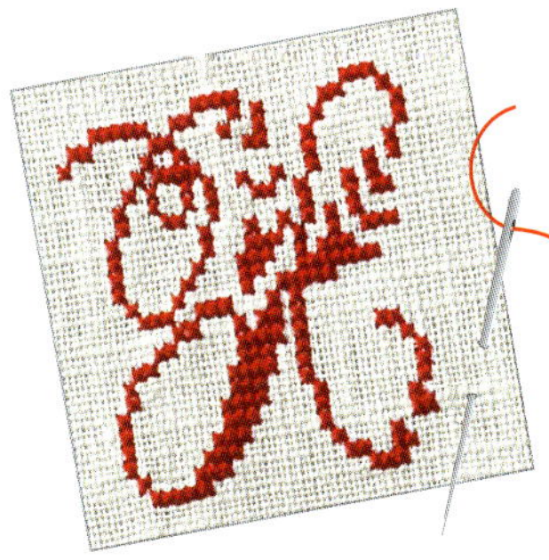

X comme sept X sept

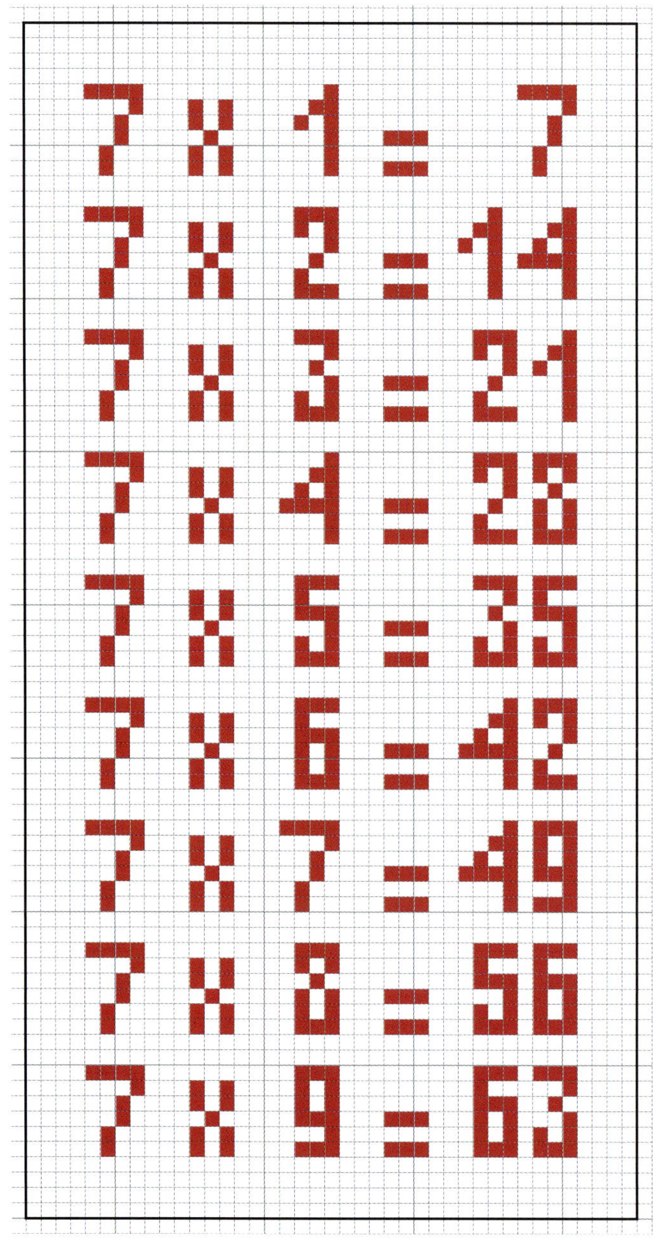

«Derrière lui, sur le plâtre du mur,
on a écrit une multiplication au crayon dur;
…et à côté, il y a la preuve par neuf
avec son X et ses chiffres en losange
qui ont l'air d'une formule de sorcier»

Alexandre Vialatte
«La maison du joueur de flûte»

- une échevette de coton mouliné DMC de chaque coloris
- de la toile Aïda blanche en 7 pts/cm
- un cadre fantaisie

Brodez les chiffres en vous reportant au diagramme. Lavez la broderie et repassez-la. Encadrez et accrochez au-dessus du bureau et à la hauteur des yeux de votre écolier.

- 320
- 321
- 3821
- 3828
- 3716
- 809
- 646
- 553
- 741

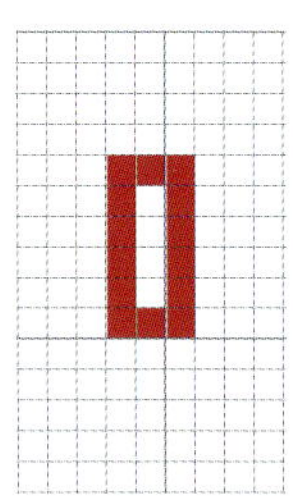

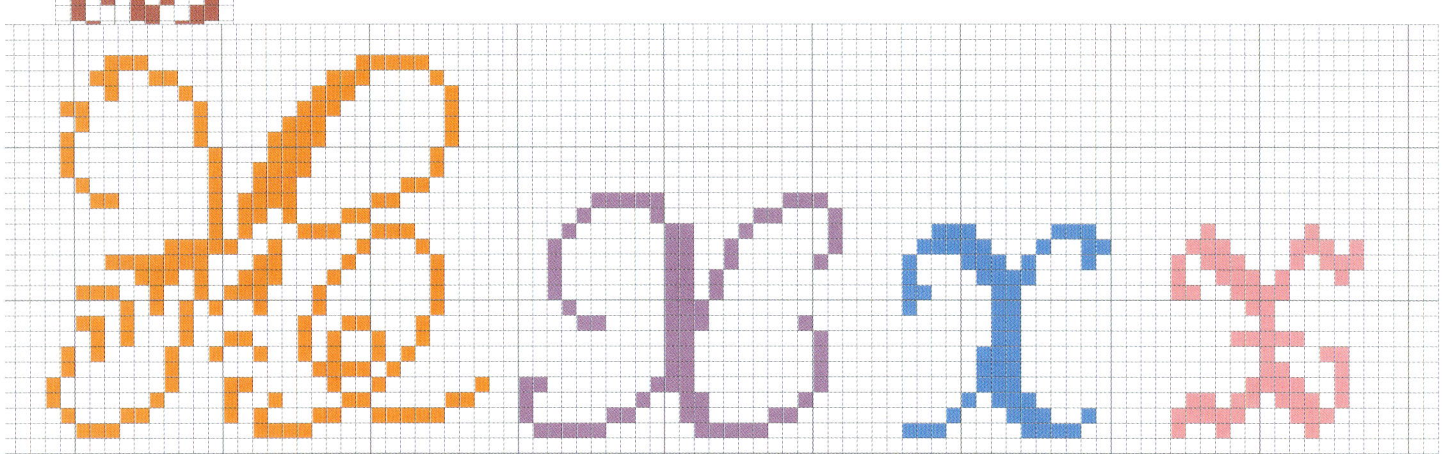

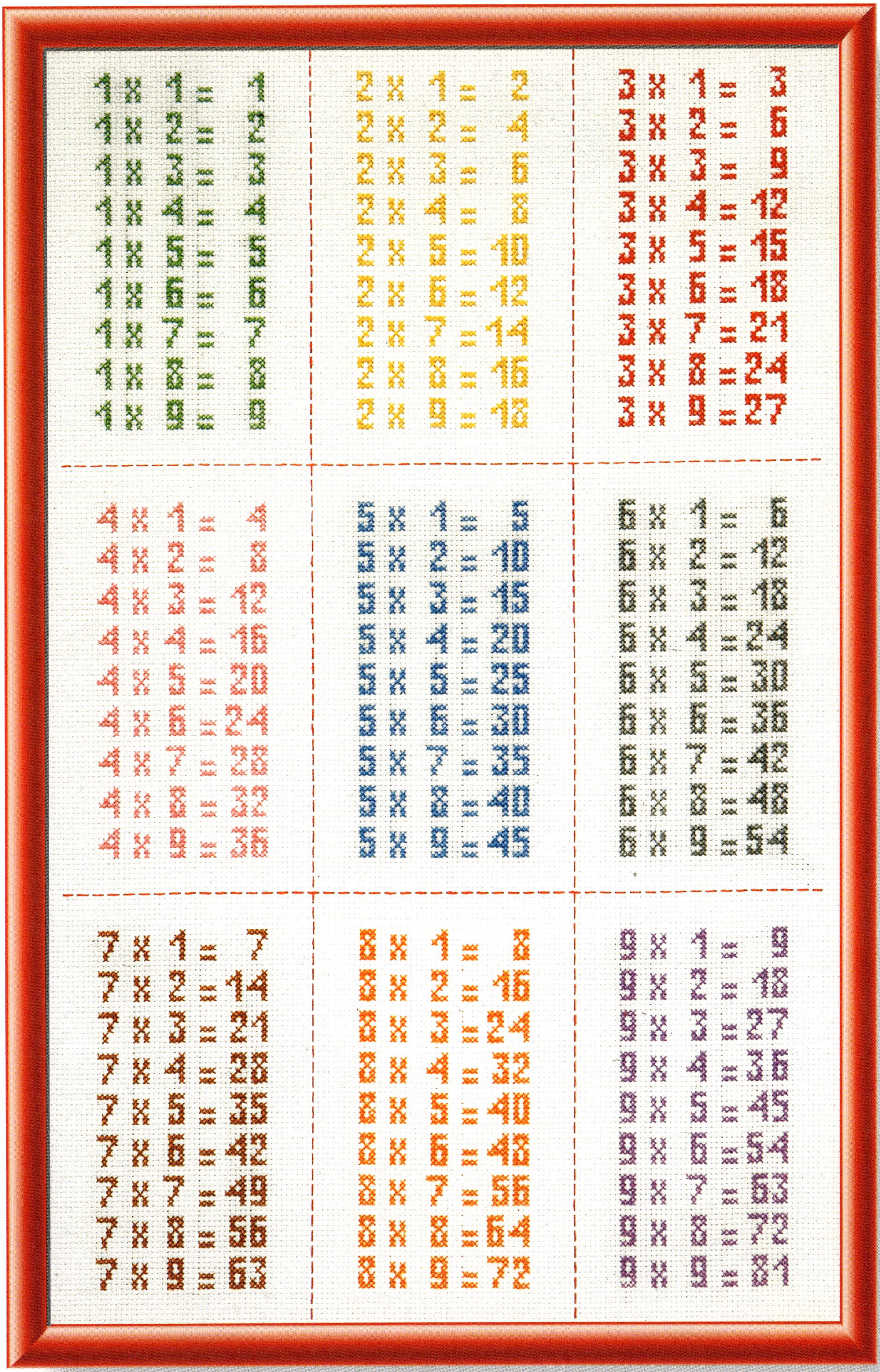
1 x 1 = 1
1 x 2 = 2
1 x 3 = 3
1 x 4 = 4
1 x 5 = 5
1 x 6 = 6
1 x 7 = 7
1 x 8 = 8
1 x 9 = 9
2 x 1 = 2
2 x 2 = 4
2 x 3 = 6
2 x 4 = 8
2 x 5 = 10
2 x 6 = 12
2 x 7 = 14
2 x 8 = 16
2 x 9 = 18
3 x 1 = 3
3 x 2 = 6
3 x 3 = 9
3 x 4 = 12
3 x 5 = 15
3 x 6 = 18
3 x 7 = 21
3 x 8 = 24
3 x 9 = 27
4 x 1 = 4
4 x 2 = 8
4 x 3 = 12
4 x 4 = 16
4 x 5 = 20
4 x 6 = 24
4 x 7 = 28
4 x 8 = 32
4 x 9 = 36
5 x 1 = 5
5 x 2 = 10
5 x 3 = 15
5 x 4 = 20
5 x 5 = 25
5 x 6 = 30
5 x 7 = 35
5 x 8 = 40
5 x 9 = 45
6 x 1 = 6
6 x 2 = 12
6 x 3 = 18
6 x 4 = 24
6 x 5 = 30
6 x 6 = 36
6 x 7 = 42
6 x 8 = 48
6 x 9 = 54
7 x 1 = 7
7 x 2 = 14
7 x 3 = 21
7 x 4 = 28
7 x 5 = 35
7 x 6 = 42
7 x 7 = 49
7 x 8 = 56
7 x 9 = 63
8 x 1 = 8
8 x 2 = 16
8 x 3 = 24
8 x 4 = 32
8 x 5 = 40
8 x 6 = 48
8 x 7 = 56
8 x 8 = 64
8 x 9 = 72
9 x 1 = 9
9 x 2 = 18
9 x 3 = 27
9 x 4 = 36
9 x 5 = 45
9 x 6 = 54
9 x 7 = 63
9 x 8 = 72
9 x 9 = 81

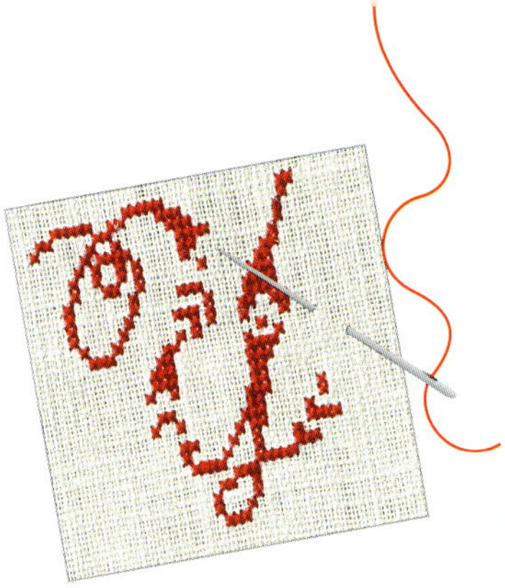

Y comme Yeux de chat

Toute brodeuse a un chat qui la regarde broder.
Patience et immobilité du chat, patience et agilité de la brodeuse…

- 644+3866
- 613+3866
- 642+3866
- 640+3866
- 646+3866
- 645
- 3012
- 472
- 734

Points de trait :

- les yeux en 645 (2 fils)
- les oreilles en 642 (1 fil)
- le museau et les poils en 645 (1 fil)

Point lancé :

- les moustaches en 640 (1 fil)

- une échevette de coton mouliné DMC de chaque coloris
- de la toile Aïda écrue en 5,5 pts/cm
- un cadre fantaisie de 12 × 17 cm

Dans cet ouvrage, certains tons sont obtenus en prenant deux couleurs différentes de fils sur l'aiguille. Le chat de profil est réalisé de la même manière.

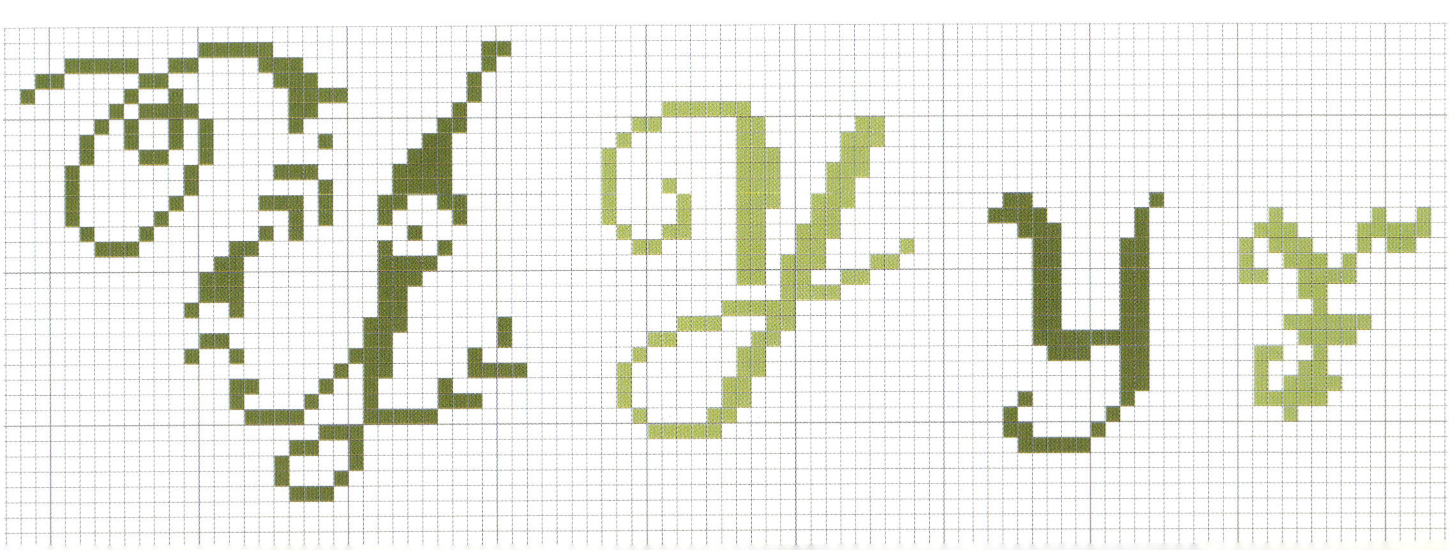

Z comme Zodiaque

Ce soir , les «Balance»
apprécieront le raffinement de la table décorée,
tandis que les «Taureau» devront veiller à ne pas trop arroser leur repas.

- une échevette de coton mouliné DMC 797
- de la toile Aïda blanche en 7 pts/cm (10 × 18 cm par modèle)
- du galon bleu étroit (environ 35 cm par modèle)
- des rouleaux de carton (papier toilette, etc.)
- de la colle pour tissus

Brodez chaque motif en vous reportant à son diagramme et en centrant bien la broderie au milieu de la toile. Lavez et repassez. Collez ensuite la broderie sur le rouleau de carton et terminez en collant le galon sur les bords du rouleau.

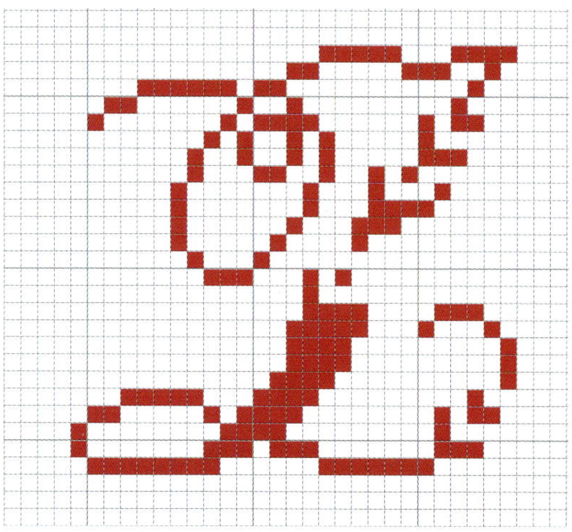

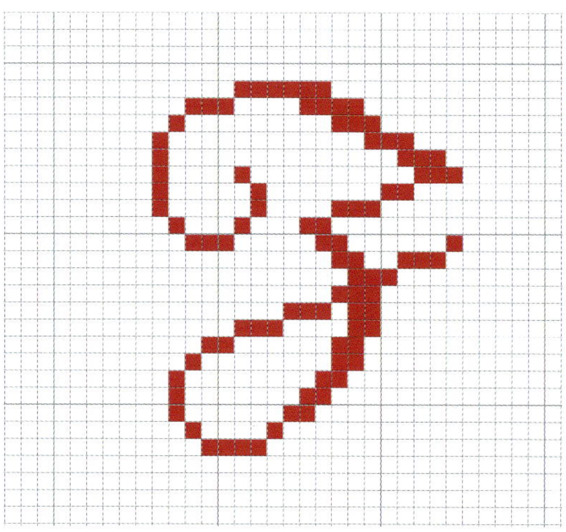

■ 797 (1 fil)

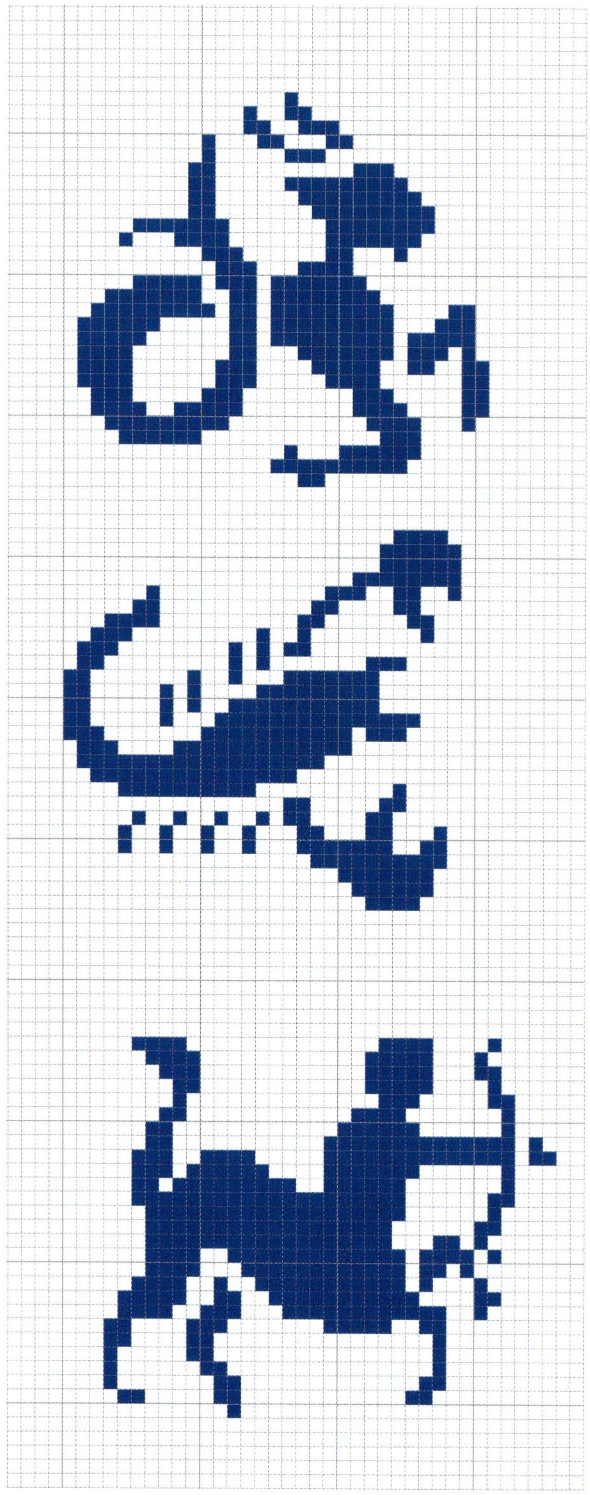

Les autres diagrammes sont à la page 62

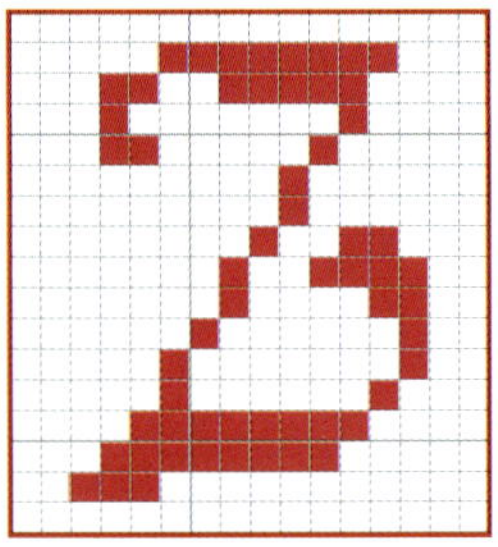

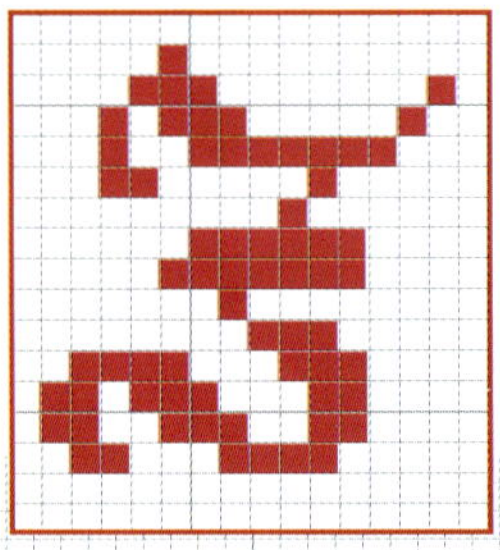

comme
le Zodiaque

Suite de la page 60

■ 797 (1 fil)

Table des matières

Vous venez d'acquérir cet ouvrage et nous vous en remercions vivement.
Pour obtenir notre catalogue général gratuit,
demandez-le à votre libraire (ou autres points de vente) ou écrivez-nous :

Éditions Didier CARPENTIER
7 rue Saint-Lazare 75009 PARIS
***Tél.:* 01 48 78 00 72 *Fax:* 01 42 82 91 99**
***E-mail :* editions@editions-carpentier.com**
www.editions-carpentier.com

ISSN : 1151-616X - ISBN : 978-2-84167-145-8